UNLEASING
YOUR COMPLEXITY GENIUS

复杂心智

Growing Your Inner Capacity to Lead

在变动时代重启人类天赋能力

〔爱尔兰〕珍妮弗·加维·贝格　卡罗琳·库格琳　著

杨毅　译

北京师范大学出版集团
BEIJING NORMAL UNIVERSITY PUBLISHING GROUP
北京师范大学出版社

献 辞

致我们亲爱的朋友、合作伙伴、智囊团基思·约翰斯顿 (Keith Johnston)和吉姆·威克斯(Jim Wicks)。与你们一起创办领导力公司(Cultivating Leadership),是我们的成就感与快乐的源泉,在经营这家公司的过程中与你们建立联结,分享欢笑与惊喜,是我们毕生的幸运。

作者序

生活日益复杂。我们以为自己掌握了事态的发展规律（比如，病毒生长变化、通货膨胀、气候变化），却往往大错特错。人类总是向往更简单、更容易理解，甚至可以预测的模式。这虽然是人之常情，却对驾驭复杂性毫无助益。

在本书中，我们为你提供了另一种方法。我们为你揭示，每个人都拥有超乎想象的天赋。本书旨在唤醒你与生俱来的天赋，通过一系列概念及练习，帮助你付诸实践。即使你面对咄咄逼人的挑战，也能游刃有余。我们希望这本由杨毅（Jade）用爱翻译的书，为世界带来直面挑战与机遇的新思路。

本书提及的很多方法，其实源自东方。呼吸、身体的智慧、调节情绪等，都是奠定东方文化的基石。与众多西方领导力著作中的个人主义相比，中文读者恐怕对本书倡导的集体主义哲学思想，更为熟悉。

我们由衷地希望读者能够在实践的过程中有所收获，向自己的人生价值、梦想迈进。自本书出版以来，我们收到了很多读者的反馈。他们告诉我们，唤醒内心深处的力量让他们的世界变得更加美好，让复杂性不再那么咄咄逼人。他们还告诉我们，释放自己的天赋不仅切实可行，而且其乐无穷。这些天赋是我们人类最美好的特质，是我们触手可及的宝贵资源。我们真切地希望，这些概念和实践能够帮助你与自身驾驭复杂性的天赋建立深度联结。

推荐序

　　走入复杂世界，人的头脑的反应往往是慢的。头脑慢了，里面的神经回路却一点儿都没慢下来，以光速走一条最少阻力之路，重复自己熟悉而确定的路径，即使直面复杂真实的世界，也是何其不一样。身体是诚实的，虽然心里明白要走一条少有人走的路，但刚迈出第一步，头脑里就上演自己最烂熟的戏码。如能看见意识与行动的较量在重复上演，主客体分离的功课已经做得很不错了。

　　珍妮弗的这本新著《复杂心智：在变动时代重启人类天赋能力》，意图让我们看到理性分析以外的丰富维度，有身体，有情绪，有人与人的联结，这些就是要超越"快思考"的本能。

　　谢谢译者杨毅加快了本书与中国读者相见的速度，在中国方兴未艾的意识进化热潮下，出现一浪又一浪的接力，叹此书来得及时。本书是关于藏于身体里难以看见的算法的。我们不但可以看见套路，也可以将其改写。这一次，从身体出发。愿各位读者能随着每一页的文字，放松身体，扎根在复杂世界中蓬勃发展。

陈颖坚
2024 年 3 月

译者序

我们所处的经济和自然环境发生着剧烈变化，从政府到企业都面临着前所未有的巨大挑战。无论是引领组织前进，还是带领自己和家人在这个多变的世界里探索，我们恐怕都会感到不知所措，莫名焦虑。这种失控所带来的焦虑充斥在日常生活中，无处不在。珍妮弗和卡罗琳的这本书意在缓解这种焦虑，帮助我们释放与生俱来的、驾驭复杂性的天赋，从容面对挑战，泰然处之。

我们往往忙于探索外在的资源，而遗忘了近在咫尺的宝藏，那就是我们自己。请将本书赠予自己，与真实的自己建立联结，倾听内心的呼唤，朝着心之所向，重新起航。也请将本书赠予你爱的人，让他们也在奔波忙碌中，少一份焦虑，多一份从容。爱让我们无坚不摧，爱让我们相互成就。

在我翻译本书的姐妹篇《走出心智误区：直面复杂世界的领导力》时，珍妮弗说，当中文书出版的时候，我们的名字将刻在时间里，直到永远。这是一份来自恩师的爱。而我有幸完成的任何一个项目、一个作品，都离不开这种爱的滋养。我的挚友谭菲，在我翻译这两本书的过程中，不辞辛劳，伏案阅稿，字斟句酌，一丝不苟，旨在共同成就一份纯粹的美好。

所有成果都是人类美好的缩影，都是联结与爱的产物。诚邀你与我一起，与自己联结，与彼此联结。让我们释放驾驭复杂性的天赋，在人生舞台上大放异彩，见证生命的奇迹。

杨毅
2024 年 3 月

目　录

前　言

　　你肯定有过类似的经历。你好不容易做好了日程安排，就像孩子们搭积木一样，环环相扣，井然有序。然而，意想不到的事情发生了，学校打来电话说你女儿病了，同事找你说一位大客户即将发布消息，老板愁容满面地走了进来。你觉得自己实在无力招架，一天，一周，甚至一个月都不想再处理一件多变、不确定或艰难的事情了。

　　然而，难题总是层出不穷，无论我们认为自己能否驾驭，它们依然会不期而至。

　　我们可以助你一臂之力。我们无法左右这个世界抛给你什么样的难题，但是在过去25年的职业生涯中，我们帮助了无数领导者走出困境，其中一大收获就是，在面对这些难题时，我们可以选择自己的反应。在本书中，我们将向你揭示一个秘密：你拥有驾驭复杂性的天赋。

　　你可能并不觉得这个秘密与自己有关。在复杂的情况下，你只会感到束手无策，毫无天赋可言。但请你相信，我们从事的所有研究，以及合作过的数以千计的领导者，都让我们坚信你也拥有这种天赋。天赋的本意是与生俱来的能力。驾驭复杂性的天赋是我们的本能，也就是说，我们天生就能轻松愉悦地支配复杂、令人费解、无常的生活。

我们知道，人类自从在地球上出现，就擅长于此：知道如何玩乐，知道发明创造，学习探索新的可能性。如果不具备在复杂的世界里繁荣发展的能力，我们就不可能获得迄今为止的所有成就，包括建构繁荣社会、创作文学作品、研发抗击病毒的疫苗。这并不是现代才出现的能力。最古老的文献中就已经记载了适应复杂性的理念。数千年来，人类一直发挥着驾驭复杂性的天赋（这说明我们依然无法不假思索地轻松驾驭这些古老的理念）。

我们了解到，很多时候你并不觉得自己具备驾驭复杂性的天赋。这是因为除了这种天赋之外，你（和我们所有人一样）还拥有一种令人忐忑不安的特质。事实证明，我们在需要应对复杂性的时候，反而会感到无能为力。原因在于，复杂性往往会触发我们的焦虑、恐惧或不知所措的情绪。在这种情况下，我们的神经系统会促使肌体产生一系列变化，即进入应激反应和过度简单化事实的状态。因此，人性中存在一个有趣的悖论，就是在沉着冷静的时候，我们可以通过玩乐、协作和共同创造来更有效地应对复杂性。然而复杂性会扼杀这份沉着冷静，降低我们应对复杂性的能力。

在过去的 20 多年里，这个谜题一直困扰着我们。我们以合伙人的身份在一家小型咨询公司初次见面，当时都有年幼的孩子，生活既复杂又难以招架，令我们捉襟见肘。我们缘起于复杂性和成人发展理论，然后一起研究、教授和应用这些理论，并在这个过程中受益匪浅。多年来，珍妮弗（Jennifer）深入研究世界的复杂性：为什么复杂系统的运行方式有悖于我们的直觉？同时，卡罗琳（Carolyn）深入研究身体的复杂性：我们如何管理自己的机体反应，以使我们更适应这个复杂的世界？本书所整合的理论与实践改变了我们的生活，也改变了我们和同事一起帮助过的数千名领导者的生活。现在，我们希望这些理论与实践对你也有帮助。

我们即将共同探索的课题包括：我们有哪些与生俱来的资源，让我们能够适应并驾驭复杂性？我们如何在最需要的时候让这些资源发挥作用？或者，换一种说法，我们有哪些驾驭复杂性的天赋？我们如何充分利用这些天赋，让自己和他人都受益？

所以，请与我们同行。我们会向内求索，学习一些生命机理方面的知识，了解身体是如何在我们毫无意识的情况下处理复杂性的。我们也会向外求索，学习一些最重要的复杂性原则，厘清复杂世界对我们提出的要求。我们会探寻切实有效的方法，帮助我们返璞归真，从无益的自动反应模式，切换回有益的发挥天赋模式。

好消息是，我们在践行这些能驾驭复杂性的天赋时，会感到身心愉悦。这些实践是我们最美好的人生体验：觉察、呼吸、活动、睡眠、做试验、大笑、好奇和爱。我们会发现，所有这些都与世界对我们提出的要求完美契合。我们也会提供具体的方法，即启动天赋的实践（GEMs），让我们最大限度地发挥天赋，人尽其才。随着本书内容的展开，这些启动天赋的实践相得益彰，最后出现的那些启动天赋的实践会将所学的知识融会贯通，就像掌握一套完整的体操动作一样，以优雅的姿态，从容自若地驾驭复杂性。

在阅读本书的过程中，你会发现几位熟悉的伙伴，他们出自《走出心智误区：直面复杂世界的领导力》[1]（如果没有读过也无妨，你可以在现实生活中找到他们的影子）。自从这部著作出版以来，他们的生活发生了巨大的变化，他们在努力与时俱进。[2]

本书阐述的概念并不是从最新的研究中迸发的新思想，不会引领我们开启崭新的航程。这些概念扎根于发展了数万年的人类社会。想提高创造力，建立更紧密的联结吗？让我们走进奇思妙想的世界，静驻于一呼一吸之间，相亲相爱。我们分享这些理念并不是因为它们新颖，而是因为我们时常在生活的喧嚣中将它们遗忘。复杂的世界里迷雾重重。当我们迷失了方向，甚至失去了最好的自己时，这些理念就是我们的救生索，让我们重新认识生命的馈赠，尽自己所能。沏一壶茶，找一张舒适的椅子坐下，和我们一起开始吧。

第一章　不仅有外在条件，还有内在条件：神经系统遇到复杂性

"马克（Mark）你静音了。"这已经是皮特（Pete）在十分钟内，第十次提醒他了。[1]

"哦，对不起，内奥米（Naomi）在上萨克斯网课，声音太大，我怕吵到你。"马克停顿了一下，抬头看了看天花板。"我忘了刚刚说到哪儿了，简直是'天才'。"

"你总是妙语连珠！"皮特对屏幕上的朋友笑着说。"我很怀念经常和你见面的日子，你知道吗？"

马克的视频卡住了一会儿，他张着嘴，眼睛向上看，一副古怪、滑稽的样子。然后，皮特听到他说："你呢——这破玩意卡住了——还没完全弄明白。"

"不好意思，你说什么？"

马克的视频流畅起来。"搬到伊登维尔时，我并没有想到生活会变成这样。我想象的是另一种生活：孩子们有自己的房间，有跑来跑去的空间，不再为交通烦恼，不再需要通勤。我没想到会有租姆（Zoom）的萨克斯网课，艾莉森（Alison）总是在工作，还有那么多30分钟的会，还要跟进团队的工作进度。

我很疲惫，完全没想到会是这样。"

"听起来事情比想象得难，"皮特同情地说，"兄弟，我的生活也是这样！父亲去世后，我接手了他的生意，想着母亲可以无偿照顾孩子，或许自己还能在东海岸找到真爱。但新的生活带来了截然不同的挑战：经营一家小公司，管理员工，面对自己对父亲的阵阵思念。还有，在这里交朋友太难了。有时，孤独感让我提不起精神。"

和往常一样，马克依然沉浸在自己的故事里。"我担心自己无法适应这样的生活，"马克说，"也许根本没人能适应。也许这种大规模的混合办公模式根本行不通。也许我们应该收拾东西回办公室上班。升职和搬家后，我感到不知所措，你也不在我身边，帮不上忙。"他的视频又卡住了，但皮特可以听出他的声音变得有些沙哑。"我从来没这么累过，还这么迷茫。我现在的睡眠时间比以前长，但有段日子，我依然很疲惫，以至于连爬楼梯到阁楼里办公都很难。更不要说我和艾莉森之间紧张的关系了……"

皮特吓了一跳，视频画面也消失了。"哦，对不起，"他打断了马克的话，"我得挂了，楼下吵吵嚷嚷，狗在狂叫，我稍后联系你。"

复杂性到底有什么大不了的呢

我们将共同思考很多关于复杂性的问题，以及在一个日益复杂的世界里，我们能做些什么来引领自己和他人朝着正确的方向前进。我们先从对生活具有重大意义的定义开始：繁杂（Complicated）和复杂（Complex）之间的区别。

复杂性理论学者戴维·斯诺登（David Snowden）认为，我们所处理的一些棘手的事情：挑战、问题、流程，都是"繁杂的"。[2] 繁杂的问题并不容易厘清，它们有太多变量，需要大量的背景知识。你的税务很繁杂。你的汽车很繁杂。每年制定预算的过程很繁杂。可以说你生活中的许多事情都很繁杂：你要么自己成为专家，要么请专家来帮你处理。在这种情况下，专业知识和经验会有帮助，因为你需要知道应该做些什么来实现目标。对于繁杂的问题，目标往往非常明确：保持收支平衡，去除肿瘤，设计一条最快、最便宜、最可靠的路线，将伴侣及四位挚友送到度假目的地。繁杂的问题很难，但可以被解决。而且在解决一个类型的繁杂问题之后，你可以更快、更有效地解决同类的其他问题。当你善于解决繁杂的问题时，你会觉得自己像个英雄！

然而，复杂的挑战很棘手，是出于截然不同的原因。复杂的挑战不仅变量多，需要背景知识，而且变量之间相互影响，让人难以预测，超出任何人的掌控。它的因果关系十分模糊，甚至在事后复盘时，你也说不清何为因，何为果。你的团队表现出色，是因为你是优秀的领导者吗？或者，你成为出色的领导者是因为你的团队很优秀吗？你分不清哪些事情是因，哪些事情是果。

你即使的确擅长应对复杂的挑战，依然会遇到意外情况，依然会犯错，甚至会经常犯错。一切都是不确定的，因为根据定义，复杂的领域是不确定和不可预测的。你永远无法完善自己解决问题的方法，因为条件一旦改变，你所采用的方法也要随之改变。事实上，关键在于，如果你以为可以借助自己的经验和专业知识来预测和控制复杂的问题，那么你很可能会遇到麻烦。你的专长和经验是处理繁杂问题的朋友，却会成为处理复杂问题的敌人。你在驾驭复杂性的时候，需要调动自身所有的创造力、敏捷的应变能力、识别模式的能力、做试验的能力和学习能力。

我们创建了组织、学校，甚至家庭，就是为了帮助我们预知未来，让我们在大多数情况下，知道接下来会发生什么。我们还搭建了各种系统和结构，帮助我们以一种从容的姿态来面对困境。我们知道如何制取清洁的饮用水，也因此知道如何预防可能导致数百万人丧生的瘟疫和疾病。我们知道如何建造房屋，抵御不期而至的飓风和地震。我们知道如何妥善记录资金的流入和流出，防止自己遭受财务损失。我们在"进步"的过程中努力着，逐渐将生活中的一些复杂问题转化为繁杂问题。

自然而然地，我们过于自信地认为可以掌控一切。这些系统和结构，尤其是在组织中的系统和结构，欺骗了我们，让我们以为这个世界上的大多数问题都是繁杂的，而非复杂。我们人类享受这种掌控一切和预知未来的感觉，所以总是表现得胸有成竹，虽然事实并非如此。

这并不是一个新趋势。早在 2009 年和 2019 年，世界就是复杂和不确定的。[3] 人们在工作和家庭中备感疲惫，不知所措。一切都在 21 世纪 20 年代来临之际变得更加艰难复杂。很多人都居家办公，办公室缩小成屏幕上的对话框，工作与家庭之间的界限变得模糊。社会体系里存在已久的问题变得更加明显。有些人没那么幸运，他们的工作要么在一夜之间消失，要么变得异常危险。医护人员、超市员工和公交车司机每天都要在工作中面临病毒的威胁。还有经济混乱，以及失控的生活，例如，出行、购物或探望亲朋好友。那时，常规的生活模式被打破并发生转变。我们那个关于生活是可控和可预测的简单故事，没有了。

生活没有固定的模式。混合办公模式正在颠覆组织文化和我们熟悉的工作方式。我们现在比以往任何时候都更清楚，异常的气候变化、病毒变种、生活乱象，这其中的任何一项随时都可以让我们的生活发生翻天覆地的变化。这个世界一直如此，只不过我们现在对这个事实有了切身体会，进而改变了我们的认知。

所有这些不确定性都对我们的系统，如金融系统、社会系统造成了严重的破坏。然而对于领导者而言，首先感受到压力的是自己的神经系统。我们想要驾驭身体之外的复杂性，就要先觉察（最终改变）驾驭复杂性的内在条件。

复杂性和我们的身体：我们只适应一定程度上的复杂性

可见，人类与大多数动物一样，在进化的过程中拥有了区别对待危机和安全的能力。为此，我们的身体进化出了两个不同阶段的神经系统：交感神经（the sympathetic nervous system）和副交感神经（the parasympathetic nervous system）。

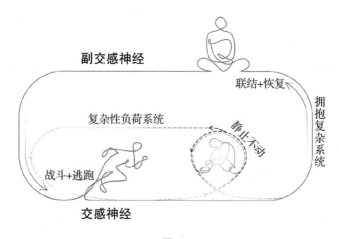

图1

交感神经通常被认为是负责战斗或逃跑的神经系统。它随时待命，采取行动。当我们为了逃命而需要移动身体的时候，这个神经系统就会提供完美的支持。我们的肾上腺素被激发，进而增强体力和集中注意力。我们的呼吸变浅，将氧气迅速输送至最需要的肌肉处，帮助我们逃跑。我们的精神高度集中，边缘视觉消失。我们对危险变得异常警觉，准备好在危急时刻发起进攻或逃跑。即使没有受到人身安全的威胁，我们的身体也会做出反应。回想一下你上次看恐怖电影的情景。当时的交感神经系统就在起作用：你的心跳加快，胃部痉挛，手心出汗，肌肉紧绷。

有时候，我们尝到的是交感神经的甜头，也就是伴随着压力而来的积极体验。我们可能会认为那是一种兴奋感或高强度的专注。当我们觉得自己无所不能的时候，例如，走到人群前发表演讲时，或者即将从蹦极台上跳下深河峡谷时，或者将所有筹码都押在 14 上之后盯着轮盘转动时，我们会有一种美妙的、令人上瘾的愉悦感。这就是交感神经系统的作用。我们被迷住了！

但是，如果我们认为危险持续存在，身体就不再让我们那么兴奋了。神经系统为了挽救我们的生命，会释放激素皮质醇，来影响我们身体里的每一个系统。要记住，我们想要逃离的是一种来自远古时期的生命危险，所以我们的身体做好了逃跑和战斗的准备。如果连生命都受到了威胁，那么免疫系统、生殖系统和消化系统还有什么用？作为紧急状态下的军事领导者，其皮质醇会控制整个身体系统。如果不注意，我们甚至不会觉察到身体内正在发生"政变"。

随着时间的推移，这场"政变"就像大多数政变一样，会发展到令人厌恶的程度。长期分泌过多的皮质醇真的会致我们于死地。由于多种原因，皮质醇基本上会侵蚀几乎所有的人体系统。杰出的灵长类动物学家罗伯特·萨波尔斯基（Robert Sapolsky）说道："人类这一物种，虽然在解决问题方面极具天赋，但是几千年来一直在用其最基本的生存机制之一，也就是应激反应，来与自己对抗。"[4] 当人们说压力会损害健康时，他们的意思往往是皮质醇正在积聚，要压垮我们的系统，不但没有拯救我们，反而起到了破坏作用。

我们的神经系统还有另一部分：副交感神经系统，有时被称为"联结和恢复"神经系统。在副交感神经系统控制我们的身体时，心率会变得缓慢，偶尔也会变得不齐，从而能保持身体的健康和敏捷。我们的呼吸变深变慢。维持生命机体健康的系统（消化系统、内分泌系统和生殖系统）会继续按部就班地工作，包括消化，保持荷尔蒙的完美平衡，以及繁殖。人体在这个时候释放的不是肾上腺素和皮质醇，而是一种由多巴胺、人类生长激素和褪黑素（在夜间释放）组成的混合体。我们的免疫系统增强，边缘视觉扩大，为神经发生创造了条件，神经在我们的大脑中创建了新的联结。现在，我们切换到了玩乐、联结和创作的状态。我们关注的范围更广，视角更复杂，为幽默和创新做好了准备。

不过，副交感神经系统也有自己的阴暗面。如果我们感到压力过大，或者所面临的威胁越来越大，副交感神经就会再次接管身体，但不是以那种促进联结和增强创造力的方式。马克对自己的描述也说明了这一点：他精疲力竭，睡得比以前更多，却依然感到疲惫（你可能也有类似的经历）。出现这种情况是因为我们被神经系统的某个阶段困住了，而这个阶段的主要功能是让我们静止不动，从而保存我们的能量，断开联结，避免任何可能危及生命的活动。最终，处于紧张状态的副交感神经系统变成了"停机键"，让我们在动荡、不确定的世界里，感到绝望或迷惘。[5]

正常情况下，我们的身体应该在常规运行状态下的交感神经和副交感神经之间找到平衡，而不是在交感神经被过度激活的情况下，紧急切换到承受负荷的副交感神经的管理状态，进入停机状态。副交感神经系统的光明面（这将是我们展开进一步讨论的）应该在我们摆脱危险后接管身体，这样我们不仅可以休息，还可以恢复、联结和创造。

这一点之所以重要，是因为我们面对的是复杂的世界。事实证明，在面对复杂的情况时，我们希望启动的是副交感神经系统，因为迎接挑战所需要的是创造力和联结，而不是行动和兴奋感。不幸的是，我们生活中最大的压力来源之一，是当今世界的模糊性、复杂性和不确定性。当我们不知道接下来会发生什么的时候，身体会感受到威胁。神经学家丽莎·费尔德曼·巴雷特（Lisa Feldman Barrett）发现："不确定是否会受到伤害，比确定会受到伤害，更令人躁动不安。因为如果未来是个谜，你就无法为它做好准备。"她接着写道："当人们病情严重，但康复的机会极大时，他们对生活的满意度低于那些知道自己的疾病无法被治愈的人。"[6]

稍微思考一下这段话。如果你确信某件事情的结局会很糟糕，对你个人而言，这比你不知道这件事会有怎样的结局要好得多。人类通常非常、非常厌恶不确定性。

现代世界的不确定性和复杂性，就如同你一边观看电影里的英雄，在所有灯光突然熄灭后，走在通往地下室的楼梯上，一边感到自己的心跳加速。过去的这几年让我们意识到，我们一直都在黑暗中走进地下室。世界已经成为通往未来不确定性的阶梯，我们必须以一种不同的方式来克服我们心中油然而生的焦虑。我们必须厘清如何避免神经系统的阴暗面，让副交感神经系统起到积极的作用。

自动信息系统：我今天失控了，所以要转移到安全地带

当然，我们不会注意到神经系统正在发挥作用。我们的体验是，一连串的想法和情绪促使我们付诸行动。这非常合理。毫不夸张地说，我们已经进化到可以提前做好准备、应对危险的境地。事实上，越来越多的证据表明，人体的许多系统都在试图做出预测，帮助我们采取适当的措施，避免陷入麻烦。巴雷特告诉我们，"预测是人类大脑的一项基本活动，一些科学家甚至认为它是大脑的主要运作模式"[7]。神经科学家约翰·科茨（John Coates）对此进行了深入研究，他写到，进化科学表明大脑从根本上说是非常实用的，其主要功能不是从事纯粹的思考，而是做计划和让身体采取行动。如果我们的感觉、记忆和

认知能力不能在需要的时候帮助我们执行大脑的命令，那么它们的存在又有什么意义呢?[8]而且，我们的情感、思想和冲动都由身体产生，而身体的主要工作就是让我们远离危险，生存下去。

然而，我们的神经系统并不知道受到威胁的是我们的生命，还是我们的身份。无论我们面对的是核心生存问题(楼下传来诡异的声响)，还是存在主义问题(收到负面反馈是否意味着应该辞职并加入马戏团)，我们的神经系统都以同样的方式，面对这些不同类型的危险，并希望采取行动，消除威胁。这意味着，焦虑感通常会导致行为冲动:夺过掌控权，回答问题，下结论。或者我们干脆麻痹自己:喝啤酒，狂追最新的电视剧。

领导者在发现问题时，常有这种冲动，比如，错过了新品发布日期，第三季度的销售数字下降，两个团队相互指责而不是配合。他们希望介入并采取行动。我们无数次听到领导者说:"我知道这样做像是在进行微观管理，但在当时的情况下是绝对必要的。"也许的确如此。但他们可能没有觉察到，这种"行为冲动"[9]只是神经系统告诉他们遇到了危险，需要采取行动。采取行动的背后，有这样一个逻辑，就是事后再找理由。首先是压力导致了行为冲动，然后我们为自己的行动做出解释，而不是理性地决定应该做什么。如今，在大多数情况下，面临风险的是我们的声誉、我们的奖金，和我们对和谐的需求，而不是我们的生命。但对神经系统而言，两者并无二致。

先慢是为了后快

复杂系统的一个核心悖论是，你付出很多努力却没有什么效果，而一点点的努力却卓有成效。当然令人遗憾的是，在复杂的系统里，你只有在事情发生后才知道自己属于哪一种情况。这意味着，持续快速的行动恐怕会适得其反，原因如下。

首先，在复杂的情况下，新模式可能需要一段时间才能显现出效果，你一时无法判断所看到的是一个新模式的效果，还是暂时的异常现象。也就是说，匆忙采取措施可能是徒劳的，甚至结果更糟。你可能有过切身的体会。你知道，就像度假归来，在查阅满满的收件箱，处理一大堆等待回复的邮件时，发现许多挑战在你什么都没做的情况下自行消退了。我们在这一刻，往往会松一口气，因为如果当时立即采取行动，可能会让一切变得更糟。但我们会忘记这个经历。

其次，我们可能需要过一段时间才能看清状况。这是系统中的典型延迟，就像伦敦老公寓里的淋浴龙头一样。你把两个水龙头都打开，希望能出来温水，但实际上出来的是冷水。接着，你把冷水调小，热水调大，但水仍然很冷。你又把冷水关掉，把热水开到最大，水突然变得滚烫。你再把热水调小，冷水调大，水还是很烫。你懂我的意思。

当然，组织里也会出现这种情况，或者说，到处都有延迟的"水龙头"。你可能会发现，你的团队交付项目的速度慢得让人灰心，因为他们希望在交付前把项目做得完美，这时候你会敦促他们加快交付进度，不要求完美。尽管如此，你依然觉得速度太慢，所以你做出更多改变，希望加速完成工作。但这几乎改变不了什么。接下来，你又尝试其他措施，忽然间大量工作超速完成却质量堪忧，然后你又不得不为提高质量而努力。

最后，放慢速度可以帮助你加速前进，这是人类系统中出人意料的特质。你仅仅将注意力集中在某件事上，什么都不需要做，就可以改变接下来发生的事。你肯定有过这样的经历。有人向你提出意见，说你在会议上打断了别人，然后你想要证明并非如此。你进行反思，发现自己根本没有打断过别人。这时，提出意见的人来祝贺你做出了改变，而你并没有试图改变什么。这种情况在我们关注集体行为时频繁出现，比如，让人们注意到办公用品的浪费现象，这可能会影响他们如何使用办公用品（不过，就像许多复杂的系统性影响一样，我们不知道人们是因为注意到了这一点而减少办公用品的使用量，还是因为他们对此持有消极态度反而增加了使用量）。

因此，在复杂的情况下采取行动是有用的，但并非所有的行动都有用。交感神经系统产生的冲动行为很少见效。我们需要放慢速度来学习，也需要加快速度来解决问题。我们知道，身体会促使我们采取行动。但要真正地获取足够多的信息来改变我们的观点，进而改变系统，我们就需要克制住这种行为冲动。

高管团队正在举行一场议程非常紧张的会议，谈到第十一项议题时，首席运营官哈利勒（Khalil）表达了他的不满，因为他同事的团队做了一个决定，导致运营团队做了无用功。哈利勒的同事们首先讨论了这件事为什么引发不满，以及事发原因，然后提出了建议，避免此类事情再次发生。或许任何一个团队在做出对运营有影响的决定时，都应该及时通知哈利勒的团队。另一位同事提出的方案是，有些会议常涉及运营方面的问题，哈利勒可以安排他团队的成员参加这些会议。又或者，高管团队可以每周通过电子邮件填写一份调查问卷，记录所有与运营相关的决策，哈利勒可以安排团队成员汇总其中的信息并提交给他。在讨论这些方案的过程中，一名团队成员问哈利勒："您是希望我们解决这个问题，还是只想告诉我们，你的工作很不容易？"

哈利勒笑了。"我想是后者！"团队成员面面相觑，有些诧异。"所以我们不需要做任何改变？"有人问。

"不需要，像我们这么大的公司发生这种事情很正常。"哈利勒告诉他们。"我现在已经知道，想避免这种情况再次发生，需要付出多大的代价。我猜，每个解决方案都可能导致更大的工作量，和更严重的后果。"大家都笑了。

"哈利勒，遇到这种情况确实挺倒霉。如此看来，你的工作真不容易！"其中一个人说。试着做到真正的倾听，而不是解决问题。哈利勒和其他团队成员都笑了，然后开始讨论下一个话题。

他们注意到，所提出的一系列建议只是受到了行为冲动的驱使，而这一觉察让团队避免了一些重大的，而且可能是徒劳的改变。[10]

艾莉森将孩子们送到了学校，遛完狗解开了牵引绳，她停下来感受自己急速跳动的心脏。距离员工大会只有45分钟了，她还穿着运动服，今天早上还没来得及阅读自己的笔记，也没来得及查阅电子邮件。看到马克把他跑步时穿的衣服和鞋子堆在门旁，艾莉森就感到一股怒气涌上心头，这些天她的心中总是充斥着一股怒火。她意识到自己想同时把所有事都做完：穿衣服，煮咖啡，收拾屋子，回电子邮件，然后查看一早就应该收到的敬业度分数。有些时候，选择先做什么的压力，就大到让她只想回到床上继续躺着。

在疫情期间关闭所有的办公室，让员工在其他地方远程办公，这是个激进的想法，直到现在她还不知道是否行得通。的确，这样做能够让 AN&M 迅速扩张，足迹遍布全球，而且由于不需要承担租赁豪华办公室及相关的费用，其成本也大幅下降。但这也伴随着巨大的代价。人与人之间的联结和友善关系似乎随着他们离开曾经工作过的办公楼而不复存在了。公司在世界各地资助的共享办公空间，就像曾经的一整块大陆变成了数千个岛屿一样。

作为技术专家出身的首席执行官，艾莉森本以为自己不会太想念办公室，但办公室消失后，她才发现自己曾经在办公室里汲取了巨大的能量，无论是和同事们群策群力，还是和正在从冰箱里拿水果的同事闲谈，抑或是分享获得新客户的喜悦。她之前没有留意过，从泡茶时与同事的闲谈中，她不仅收获了信息，而且和他人建立了联结，收获了一丝内心的平静。艾莉森在自家地下室里的办公桌似乎是一个远离人群的世界，将她推向崩溃的边缘。

电话响了，把她从思绪中拉了回来。她看了看屏幕，来电人是她的首席运营官亨利（Henry）。"艾莉森，我刚拿到最新的敬业度分数，结果很糟。我们在今天的员工大会上，必须公布一些新的举措，强化企业文化，否则就不得人心了。"他显得局促不安。当然，亨利近日来一直处于这个状态。

"亨利，我们早就知道分数会这样，"艾莉森边说边走向办公室，打开了附有相关数据的电子邮件，"我们一直在讨论该采取什么措施，但时机未到。我们需要暂停片刻，弄清楚到底发生了什么。"她止步将手放在门上，发现在告诉亨利停下来的时候，自己还在边走边要做点什么。

"没有时间停下来思考了！"亨利不耐烦地说，"你自己也说我们早就知道会有这样糟糕的分数。在过去的三周，我有两个团队分别提出了解决方案。我们只需要选择一个公布就可以。"

"亨利，我知道你很想立刻采取行动，"艾莉森说，同时强迫自己站在厨房里一动不动，"我特别理解！我也想立刻解决这个问题，事不宜迟。但我认为现在并不是做决定的最佳时机。咱们今天早上先召开员工大会，再重新分组。我们沉淀一下，能更客观地看问题。"结束通话，艾莉森凝视着绿树成荫的后院。她之前太忙了，以至于无暇来后院看看。这份工作充满挑战，近期的任务尤其艰巨。她要么找到一条新的前进道路，要么换一份工作。她真的感到无能为力。

有意识的进化：发现并发挥驾驭复杂性的天赋

到目前为止，我们讨论的是进化而来的系统。这是我们生来就拥有的，是人类经过数十万年的尝试，探索如何保护自己、延续生命、繁衍后代的系统。这是进化对地球上所有生物的馈赠。

但进化额外赋予了人类一种独特的天赋。这种天赋或许是我们与生俱来的，即一段我们与自己身心的关系，而这段关系会随着时间的推移而发生变化。这段关系成就了一条发展路径，让我们每个人的身上都有一种进化的冲动。神经系统可能需要数百年甚至上千年的进化才能满足我们当前生活的需求，与此不同的是，意识进化的冲动在每个人的一生中都会有所体现。[11]我们每个人都有意识进化的能力。

这意味着随着时间的推移，我们可以改变神经系统对我们的影响。年幼时，神经系统发出的信号和我们采取的行动是同时发生的。我们受到惊吓，会号啕大哭。我们想要触摸闪亮的尖锐物体，手会飞快地伸出去。我们的成长，在某种程度上，是一段学习认识和管理冲动的旅程。

即使我们能在踢到脚趾时忍住不哭，或者在我们渴望的事物被人夺走时忍住不出手，但是随着当今世界给生活带来的挑战不断升级，我们需要应对的是另一个系列的困难。现在，我们需要面对的危机感是下班后没有人邀请我们喝酒的郁闷，或没有考入自己理想大学的失落，或我们不希望的候选人获胜时的挫败。我们亟需手机上有最新款的摄像头，通过手机版本的晋升来让自己感到满足。对于每一种需求和痛苦，无论它们是否真正关乎生死存亡，我们的神经系统都会感到渴望和威胁，进而采取行动，缓解欲望的折磨，或试图拯救我们的生命。

当前时代需要我们的神经系统有出色的表现，它经过数代的缓慢进化，与我们所说的驾驭复杂性的天赋协同发挥作用。驾驭复杂性的天赋是一种能力，让我们对自己的神经系统有所觉察并做出反应，有意识地做选择。这是一种可以快速发展的能力，即使在阅读本书的过程中也能有所提升。我们可以有意识地发挥驾驭复杂性的天赋，创造空间，让我们的神经系统释放最大的潜能，而不是盲目地追随那些来得太快、我们几乎注意不到的冲动。

我们知道如何采取措施，创造外在条件，比如，我们在选择最合适的居所之前会参考十几套公寓，我们会自己动手装修厨房，让它更实用、更美观，我们会重新布置办公室，提高工作效率。但是我们往往忽视了创造内在条件。我们通常对自己的神经系统毫无觉察，在受到周遭环境的影响时，我们无意识地被内在状态所左右，周而复始，不能自拔。我们从现在开始学习一系列启动天赋的实践（GEMs）。这样，我们不仅可以知道自己的神经系统发生了什么，还可以有意识地做出改变。我们可以借助这些启动天赋的实践将驾驭复杂性的天赋发挥到极致。

启动天赋的实践：识别行为冲动

启动天赋的第一步是发现并留意行为冲动带给你的感觉。对于珍妮弗来说，这种感觉有时是坐立不安，有时是一个强烈的想法，认为事情大错特错，需要解决。有时这种感觉像是在寻找最佳答案，甚至是（尽管承认这一点很痛苦）寻找最佳虚假问题，也就是伪装成问题的答案。但更多的时候，她的行为冲动就等同于行动。珍妮弗发现，当她有一个问题，需要用网络搜索答案时，手已经伸向了手机。当她被一封电子邮件激怒，尚未厘清缘由时，手就已经点击了"回复"。如果对此毫无觉察，她会在意识到自己的行为冲动之前将邮件发送出去。这种状况的可怕之处在于，她如同梦游般度日，被冲动所左右，毫无意识。当我们试图脱离险境时，让冲动支配我们的身体是有效的。然而，当我们被误解（同样感到危险），火力全开地回复信息时，跟随冲动的行为就没那么有效了。这是两种不同形式的危险，需要我们采取完全不同的措施。

卡罗琳的行为冲动有些不同。卡罗琳的教练道格·西尔斯比（Doug Silsbee，后来成为她的挚友和合作伙伴）注意到她有一种强烈的倾向，就是总会问"为什么会发生这样的事"或"我为什么要这样做"。道格帮助卡罗琳意识到，虽然她是惯性地问这些"为什么"的问题，但这消耗了她大量的精力，让她陷入沮丧的深渊。她这样做是出于过度反思和自责，而不是出于真正的好奇。她的"为什么"旨在寻根究底，跟随自己的行为冲动。

通过一些练习，卡罗琳已经可以（起初是偶尔）打破这个习惯，转而注意到内在的体验。一开始，她觉察到身体上的不适，一种失控和不知所以的不适。随着时间的推移，卡罗琳发现自己可以通过自我调节，比如，加深呼吸，或者将注意力转移到脚上，来强化平静和稳定的感觉，让自己不再反复纠结那些没有明确答案的问题。她可以利用内在条件的变化，来拓展她的选项，做出更明智的选择。

启动驾驭复杂性的天赋最重要的方法之一，是对这种行为冲动有所觉察，然后停下来，即使暂停会让你感到不适，再决定是否采取行动。

你可以尝试一下。在接下来的一个小时里，注意你的行为冲动。你要在自己想去安慰、纠正、强迫或说服的时候，保持觉察。你要在自己跃跃欲试，想去打断、推翻或转移注意力的时候，保持觉察。你要在对自己提出"为什么是我""为什么会这样""为什么必须是现在"等问题的时候，保持觉察。起初，你恐怕只有在采取行动之后，才会发现自己的行为冲动，但通过练习，你终将在跟随行为冲动之前，就有所觉察。

发现我们的行为冲动只是众多启动天赋的实践中的第一项。这些启动天赋的实践可以影响我们的神经系统，使神经系统更适应我们这个复杂的世界。下一个步骤会从你正在经历的事情开始。

第二章　始于当下：觉察是一种天赋

皮特不知道该把手放在哪里。他把手插进口袋，觉得自己像个吊儿郎当的孩子。他让手在身旁甩来甩去，又忍不住想抓苏普里亚（Supriya）的手。牵手这个想法有点太大胆了，毕竟这是他们的第一次约会，而且她没有任何暗示来鼓励他这样做。事实上，他根本猜不出她口罩之下的表情。

"你觉得呢?"她说完了。

皮特非常紧张，勉强挤出一丝笑容。没戴口罩的他觉得自己的心思能被看穿，还让他备感脆弱。"我真的很抱歉，苏普里亚，"他说，"正常情况下我很善于倾听，但今天不在状态。你能再说一遍吗?"

苏普里亚停下脚步，转过身来面向他。"我也很紧张，"她笑着说，口罩上方的眼睛眯成了一条缝，"我还流着鼻涕，所以得戴着口罩，免得传染给别人。我为了掩饰自己的不自在，问了一大堆问题，我想这是心理医生的职业习惯。要不咱们花一分钟，站在这里，用脚感受地面，练习几次深呼吸，回到当下。可以吗?"

皮特朝她身后远处的池塘望去。他现在注意到了自己的呼吸，因为爬山，也因为第一次约会，他的呼吸又浅又喘。他定了定神，发现脑海中喋喋不休的声音开始安静下来。"谢谢，"他说，"现在，你能重复一遍刚才说的话吗？"

"我刚刚说我们有着完全不同的成长经历。你是郊区高中少数几个黑人孩子之一，而我是百万印度移民中的一员，但我们都随父母来到了牙买加平原地区生活。这似乎印证了生活无常、却殊途同归的奇妙。"

"可不是吗，人生毫无规律可循，各种机缘巧合，总是出人意料，"皮特的思绪完全被带回到当下，"父亲过去常常开玩笑，说我会放弃西海岸那份不错的工作，熟记各条五金产品线，但没有人想到我真的会这么做。我想他私下里是期待的，但他从来没给我施加过压力。父亲在第一波新冠病毒感染中去世，在那之后，我才做了他一直想让我做的事。我打心底感到难过。"

"这太难了，皮特，"苏普里亚说，她的声音中夹杂着一丝悲伤，"奇怪的是，我们这么容易忽视埋在心底的愿望。"茂密的树叶间有一条缝隙，苏普里亚停下脚步，透过缝隙向远处望去。"皮特，你是如何面对丧亲之痛的呢？"

皮特意识到，他们肩并肩站在了一起，凝视着水面。他想到了未来：自己会不会在约会结束时亲吻她？还会再见到她吗？然后他把思绪带回到当下。"我觉得日子不是一成不变的。有些时候，我可以解决所有的难题，而有些时候，我一筹莫展。有些日子，我面对崭新的生活感到兴奋，觉得生活充满了无限可能，很享受和母亲在一起的时光，也很享受陪伴孩子们茁壮成长的时光。但有些日子，我感到压力很大，不知所措，找不到出路，陷入绝望的境地。我不理解生活为什么会有这么多变化。有时候，我觉得自己根本不适应这些变化。"

苏普里亚一边向前走，一边回应。"即使没有经历你的遭遇，我也发现这个世界比以往更令人难以招架，"她承认道，"有时候，我连穿上一件像样的衬衫，对着屏幕连续开客户会议，都很挣扎。但我也发现，在自己和客户身上，或许在每个人身上，都有很多资源，让我耳目一新。这些资源比我学过的任何心理学课程都更精彩。"

"嗯，我想拥有满满一口袋这样的资源！"皮特渴望地说。

"好消息是，"苏普里亚说，再一次微笑着眯起眼睛，"你的口袋里已经装满了这些资源。"

复杂性：未来始于当下

关于复杂性，我们最喜欢的理念之一，就是牢记我们当下孕育着未来的种子。无论情况如何，我们都要基于当下的原材料，创造未来。

当然，这并不是什么颠覆性的理念。我们都知道，巧妇难为无米之炊。不管你有多想吃法棍面包配山羊奶酪和油浸番茄干，如果厨房里只有花生酱、果冻和不新鲜的白面包，你也只能拿这些食物当午餐。

然而，我们总是错误地将未来的目标和当下的条件割裂开来。我们观察到，我们所服务的组织是如何设定新目标的：更具多样性，更具创新性，更有安全感，仿佛每个目标都可以从某个组织开办的便利店订购。但世界上没有这样的便利店。反之，我们需要查看橱柜里都有哪些原材料，才知道我们能在这个基础上为未来创造些什么。

未来的结果取决于当下的运行模式。用描述复杂性的行话来说，这些结果是系统"突现属性"，也就是说，是系统的各个部分相互作用的结果，是自然生成的。你无法让"突现属性"出现，系统会代劳。无论此时此刻发生着什么，都是环境的产物。如果你急于预测未来的走向，就会错过当下的线索。

举例说明，如果你所在的组织充斥着竞争，没有协作，仅靠举办提高协作的研讨会是远远不够的。你应该关注的是哪些因素导致了团队过度竞争的局面：是奖励机制，是对成功的定义，还是对不良绩效的惩罚。重要的是，不要试图寻找问题的根源，因为这样做是徒劳无益的。复杂的世界里没有根本原因。你如果要追根究底，要么会无果而终，要么会认定一个看似是根源的问题，而忽视了其他七个或七十个同样有可能是根源的问题。我们之所以要关注当下，是为了尽可能地理解，这些因素是如何在当下相互作用，成为改变明天的原材料的。目前这些因素相互作用的结果，表现为削弱团队协作的内部竞争，而要改变未来，你必须首先真正理解当下。

觉察是一种天赋

即使你确信，我们需要了解当下发生了什么，才能应对这个不确定和复杂的世界，你可能还想知道，我们为什么认为"觉察"本身就是一种驾驭复杂性的天赋。在过去的一小时里，你觉察到了各种各样的事情，也许是冰箱里变质的牛奶，也许是你为自己在某个时间安排了两场会议，也许是你女儿又将湿浴巾丢在了浴室的地板上。察觉到这一切，你不仅不觉得自己有天赋，而且还会感到沮丧与不安！

更确切地说，只有在你有意而为之的情况下，觉察才是一种天赋。我们将注意力从一件吸引我们的事情，转移到另一件对生活更有意义的事情，这就是天赋。事实上，自主地启动我们的觉察能力，会让我们受益匪浅。（你在注意到自己的行为冲动时，就已经启动了觉察的天赋。）

在我们体内，启动觉察力可以改变我们的状态，唤醒专门驾驭复杂性的神经系统。记住，在交感神经系统发挥作用时，我们的注意力会集中到那些具有挑战性和威胁性的事物上，而忽略周遭的其他事物。几个世纪以来，冥想老师一直强调，解决世间一切难题的核心能力在于主动引导注意力。太多的时候，我们的注意力被那些吸引眼球的，闪亮（或有气味）的事物所左右。引导我们的注意力，让它被我们自己左右，意味着我们可以选择自己要做出的反应。

林（Lin）任公关经理一职才3个月，只要点击与下属的会议链接，就会备感焦虑。她原以为这是她梦寐以求的工作，但结果却是一场噩梦。团队成员不信任她，也不信任彼此。她周围的人似乎都不称职。更糟糕的是，她为改善这一现状而做出的努力，似乎只会让问题变得更严重。在这次会议上，她准备向团队下最后通牒，让他们在项目截止日期前 48 小时提交草稿，这样她才有时间编辑修改。这样做会让她疲惫不堪，但至少可以避免因为工作质量差而感到难堪。

她是第一个进入会议的人。她对着屏幕上的自己眨了眨眼睛，然后回想起她作为一名领导者的锻炼方法：仅仅对自己保持觉察。她深吸了几口气，让自己闭一会儿眼睛，用这宝贵的片刻与自己相处。

然后，她睁开双眼，开始启动觉察的天赋。她注意到，自己往往会带着满满的议程来参加会议，而且说得多，听得少。她还注意到，自己并不是特别了解团队成员，他们也不了解她。而且她发现，因为感到不自在，她并没有提供太多一对一的反馈，而这恐怕已经阻碍了团队的进步。

突然，林意识到自己在很多时候都处于一种混乱的状态，恐怕正是这种混乱导致了其中的一些问题，而不(只)是这些问题导致了混乱。忽然间，她的挫败感消失了，好奇心被点亮。觉察改变了林的心态。

对于这个世界来说，觉察也可以改变事态的发展。我们在专注某个目标或某项任务时，可能会忽视全局。如果一切尽在掌控之中，你知道每个人的一举一动，此时你不需要关注全局。然而，如果这个世界很复杂，我们需要留意正在酝酿着的变化，就需要关注全局。此时，自身以外的复杂世界，更需要我们主动调动注意力。我们不再让视野被一个个具体的任务所局限，而是通观全局。因此，我们需要觉察这一天赋。

尽管我们多年来一直教授这个概念，但也不能确保自己完全不犯错。以我们在 Cultivating Leadership 的工作为例，我们在 10 多年前与基思·约翰斯顿和吉姆·威克斯等朋友共同创立了这家公司。曾经有几年，确切地说是好几年，领导层一直讨论如何在公司内部推行多元化战略。我们总为成员的性别比例（始终接近 50∶50）而欣慰，为成员的种族结构而焦虑。然后，我们会再次承诺继续推进多元化。

虽然我们知道复杂性的这一原则，就是当下孕育着未来，但是我们过于关注未来的目标，而忽视了当下的模式。

然后我们意识到了这一点。我们放慢步伐，开始觉察。我们观察当下的模式，想知道新同事是如何找到并加入我们的。我们发现（起初并没有对此发现感到惊讶，最终却被它彻底改变）新同事来自我们经常聚会的场所。我们意识到，对于一家由两名男性和两名女性创立的领导力咨询公司来说，保持性别平衡相对容易。然而，不难想象，这家由四名白人创立的公司，如果不下足功夫，就会保持全是白人的结构。

为了做出急需的改变，我们必须转换视角，重新审视我们的现在和未来。我们必须关注当下正在发生的事情，启动觉察的天赋。

启动天赋的实践：审视你的内在世界

我们先从内在世界出发。你有多少次，会议缠身，在休息片刻的时候，发现自己不仅烦躁不安，还头痛不已？你需要通过觉察，来尝试改变自己对问题的判断（也就是，从一开始就觉察到自己对问题早有评判），然后思考：是不是连续开会导致了头痛？是不是头痛导致烦躁不安？是不是这种焦虑感导致你又多安排了三场会议？无论是内心世界还是外在环境，复杂的世界意味着单向的问题根源并不存在。

现在开始觉察。首先，检查你的身体。你现在坐着还是站着？什么姿势？身体的哪些部位感觉更放松或更紧张？

其次，检查你的呼吸。你正在以哪种方式呼吸？感觉如何？是上胸式浅、快的呼吸吗？你可以观察一下，呼吸时身体的哪个部位在起伏，是脖子和肩膀（高而浅的呼吸），还是隔膜和胃（低而深的呼吸）？你不需要改变呼吸方式，只需要保持觉察。

再次，关注你的思绪。如果将思绪比作一个天气系统，而你是一位气象学家，你会怎么描述你的思想状况？是蓝天白云，思绪翩跹，还是像"豌豆汤"一样的浓雾天，萦绕不去，抑或是像龙卷风一样，高速运转？

最后，关注你的情绪。我们在觉察自己情绪的时候，越具体、越细致，就越不可能被情绪冲昏头脑。仅仅命名这些情绪，就能让我们从中抽离出来。通常，各种情绪的出现并不分先后顺序，而是同时爆发。启动我们觉察的天赋，就是将交织的情绪剥离开来。我们越具体地命名情绪，就越充分地发挥了觉察这一天赋的作用。

到目前为止，你启动觉察的天赋，认识了自己的内在世界。现在，你可以开始思考你所在的当下。

启动天赋的实践：练习让意识回到当下

让意识回到当下始终是所有重要模式的第一步，但在这个时代，人们忙于一场又一场的虚拟会议，忽视了对当下的觉察。这是一种遗憾，因为我们发现，练习将意识带回当下，不仅可以调节领导者本人的神经系统，也可以影响领导者周围所有人的神经系统。人们东奔西走，每到一处，都需要相当长的时间来凝神静气，真正专注于当下。而面对复杂的环境，注意力是你最重要的工具之一。

所以，你需要集中并运用你的注意力。在会议开始前，你给忙碌中的自己 30 秒的时间，将注意力转移到现场，包括虚拟会议现场。大脑回放一下会议之前发生的事情，也不要考虑会议之后会发生什么。观察一下你所在的场域，并花点时间在这个场域里做好准备（冲一杯咖啡，或清理一下桌面，或打开电脑里与会议相关的文件夹）。提醒自己这次会议的目的、注意事项，这不是指会议的名目，比如，"这是团队每周一的业务工作例会"，而是指召开会议的原因，比如，"开会是为了让大家交流一下现状，即使在接下来的几天里没有机会与彼此见面，大家也能保持良好的协作"。最后，思考一下你需要以什么样的状态出席这次会议。你是否需要更果断、更开放的态度，更好地倾听，更明确的目标？在笔记本上记录下来，这当作对自己的提醒。

是的，运用觉察的天赋意味着调整心态，真正做到活在当下。现在，你进入了状态，展现出最好的一面。那 30 秒的投入值得。你可以开始关注外界环境了。

启动天赋的实践：有意识地觉察外界的模式

显然，仅仅关注你自己的内在状态是不够的，关注外界环境同样重要！但这里说的天赋是用开放和好奇的心态去发现那些容易被忽视的模式。

当然，第一步是从当下出发进行觉察。问问自己：你认为的实际情况是什么样的？列出一个清单，记录事实和你所相信的，内容越宽泛越好。然后不断地问自己，"还有哪些实际情况"，直到穷尽你所有的想法。

例如，你可能会觉得自己被困在目前的工作中，并且认为自己对此无能为力。你要问自己当下的事实是什么，而不是问自己希望的是什么，最后你会得到一个类似这样的清单，比如：

在我现在从事的这个行业里，找到一份新工作真的很难；

我有学业贷款要按期还清；

如果老板不那么苛刻，这份工作就还说得过去；

这个项目的期望值设得太高，根本实现不了；

如果之前我的职位成功晋升，我会开心得多。

第二步，继续深入思考。起初是那些平日里的想法萦绕不去，但如果不断地提出问题深入思考，你就会走进一片新天地。

现在看看这份清单，你可以删掉那些预测未来或旧事重提的问题（或二者兼而有之的问题，比如，晋升会让你更开心的假设）。现在保留下来的情况，是当下正在发生的。

第三步，问自己：我需要改变哪些信念才能对现状有所改变？你或许希望尝试从多个不同的角度来改变你的信念，重新解读事实。以清单上的第一项为例："在我现在从事的这个行业里，找到一份新工作真的很难。"

我需要相信，虽然这个行业里的竞争很激烈，但我能凭借工作经验脱颖而出。

或者，我需要相信，也许我把我现在从事的行业想得太狭隘了，还有其他的可能性。

或者，我需要相信，我现在从事的行业里的职位数量实际上是在增加，而不是在减少。

依此类推。运用我们觉察的天赋意味着放下期待或恐慌，直面当下的实际情况。这意味着，突破我们起初的认知局限，走进一片孕育着累累硕果的新天地。这还意味着，要牢记，我们的信念决定了我们的观察，我们的观察也决定了我们的信念。因此，有意识地觉察并质疑这些信念是名副其实的天赋。

我们从当下出发（无论是改变我们的内在世界、家庭，还是改变我们的组织），就可以观察到那些重塑生活的模式。当然，我们心系未来，但是如果不关注当下，我们就找不到通往未来的路。采取行动固然重要（我们稍后会继续讨论这一点）。但无视当下的盲目行为，往往徒劳无功。我们如果不能对当下的自己和周遭环境有所觉察，就无法做出改变，也就无法走向更美好的明天。当然，我们已经启动了觉察的天赋，可以开始改变。我们先从最切身的开始改变：改变自己。

第三章　调整自己：呼吸、活动和睡眠是一种天赋

马克试着再次坐在办公椅上。几年前，他认为办公室是世界上最舒适、最熟悉的地方之一。他曾经在那里花了太多的时间，成堆的脏杯子和外卖盒就是证据。更不要说以前那些堆积如山的怪异物件，比如，几年前庆祝新产品发布时用过的能发出刺耳声音的喇叭，以及在喧闹的办公室歌舞表演晚会上用过的羽毛围巾。

但在新冠病毒感染疫情暴发之后，办公室里没有了这些东西。他现在腾出了所有可以使用的空间。房间里没有照片，没有成堆的纸，当然也没有羽毛围巾，整洁到了"无菌"的地步。哪怕是从未去过的破旧餐馆都会让他感到比这里更自在。更糟糕的是，在这个"无菌"的空间里，他不得不进行一场又一场关于裁员的艰难谈话。

这种混合办公模式似乎是个好主意，鱼和熊掌可以兼得。他可以住在风景宜人的伊登维尔，享受在小镇生活的恬静与安逸，每个月来办公室一次，参加他期待已久的面对面会议。但是，协调的难度（谁在办公室值班，什么时候去办公室），以及

其他模棱两可的问题，比如，哪些事情更适合在办公室而不是在网络上解决，让他精疲力竭。而现在，随着第二轮裁员，他觉得这些天，办公室里充满了令人压抑的气氛。

电话响了，是艾莉森。他面无表情地盯着屏幕，试图猜测她来电话的意图。这次是视频通话，这可以推断出她的心情一定很好，否则她只会拨打音频电话。现在是中午，所以不是孩子从学校打电话来给他看些什么。这些天他们的关系很紧张，所以他想还是稍后再给她打回去。此外，也是她告诉自己（指马克）要集中注意力，多练习深呼吸，时刻关注当下，而不是一直看着手机。在门被推开的同时，他点了"拒接键"。

西蒙（Simon）走了进来，心事重重地坐在一张办公椅上。他的脸涨得通红，有点喘不过气来。

"抱歉，我迟到了。我发誓，附近交通从来没有这么堵过。有一阵子，我以为自己根本赶不过来，但后来可能是事故处理完了，或者是别的情况，道路又恢复畅通了。不管怎样，我还是赶上了！我知道你今天打电话叫人们过来，大家都说这不是什么好兆头。我虽然来了，但是非常紧张，希望你即将告诉我的是关于晋升或类似的消息，而不是另一条坏消息。我怕自己承受不了更多的坏消息了。"他把目光移开，坐立不安。

马克想说点什么来安慰西蒙，告诉他一切都会好起来的。他迫切地想要安慰西蒙，却发觉"一切都会好"这几个字已经到了嘴边。他试着关注当下，却发现自己想要解决问题，即使这并不是一个可以被解决的问题。

"是，现在的形势不好。"马克说，同时把注意力放在了呼吸上。过了一分钟，他继续说："我能想象你的焦虑，你想知道我叫你来开会的目的。咱们就当前的情况，一起讨论。"

从自己开始：先改变内在条件，再改变外在条件

我们认为自己看懂了世界。但事实证明，我们并不能看透世界的本来面目。事情接踵而至，即使能全部映入眼帘，我们也会应接不暇。所以我们会过滤掉世界上大部分事情，然后会尝试弄清楚被过滤出来的信息。几千年前，哲学家们就开始著书立说，其中的一个观点，已经被心理学家和神经科学家证实，即我们通过观察来构建自己版本的世界。生活的画卷在我们面前展开，神经系统做出反应，它塑造我们所看到的，同时也塑造了我们的行为，进而影响了我们的生活方式，从而决定了我们神经系统的反应。如此周而复始。

例如，在生儿育女之前，卡罗琳和珍妮弗一直期待着成为母亲。在那些等待和充满希望的日子里，在我们的世界里（我们在认识之前，在不同的城市生活），街上几乎每个人不是怀孕就是推着婴儿车。事实果真如此吗？在我们等待的那些年里，真的出现过小范围的婴儿潮吗？没有。但我们渴望的内在状态改变了我们注意到的外在世界。这导致了我们求而不得的苦恼，而这种苦恼可能就是影响怀孕的首要因素。我们所看到的一切塑造了我们的感觉，而我们的感觉又塑造了我们接下来所看到的一切。

而且，像大多数人一样，我们并没有觉察到自己是如何推动或影响事情的发展的，因此会误以为现状已完全失控。的确，在复杂的情况下，我们不能像处理繁杂的问题那样去直接掌控事情的发展。太多的时候，挫败感伴随着无力感，让我们愈加努力地去预测和掌控（又是那挥之不去的行为冲动）事情的发展，比如，设计更好的系统，全力以赴地避免重复犯错，让团队再多做一次分析来确保准确无误。

或许，我们之所以想要掌控那些根本不可掌控的事情，是因为我们一旦意识到自己对未来没有把握，就会感到失控和绝望。绝望是情绪里最令我们感到筋疲力尽、无能为力的一种。为了远离绝望，我们宁愿倾注大量的精力而徒劳无益。其实，有更好的办法（可以远离绝望）。

呼吸是一种天赋

呼吸是我们与自己的神经系统建立联结的最有效的渠道（没有之一）。我们通过呼吸不仅可以发现哪个神经系统在左右我们，也可以实现神经系统之间的切换。

10多年前，珍妮弗是一次研讨会上的演示对象，在之前的几个月里，她一直学习呼吸的力量。她的老师是一位内科医生，当时正在阐述韧性。他让珍妮弗走到教室前面，把监视器夹在她的手指上，并将她的生理指标投射到她身后的屏幕上。他向她提出各种各样的问题。她知道，这些问题是为了向她施加压力，比如，能不能说出五件她没有足够重视的事情？有没有一拖再拖的重要谈话？她能感觉到自己的心跳开始加速，手心开始出汗。她忽略了太多重要的事情，也在回避一场不想面对的谈话。但她开始觉察，然后有意识地关注呼吸。她感觉到自己用胸腔呼吸，随着她的练习，她想象有一股柔和的力量让气息缓慢下沉。老师继续提问时，她可以全神贯注地思考。

在她呼吸的过程中，她能听到人群中传出的低语声。"发生了什么？"有人问。

"我不确定，"老师回答，"我们之前看到的是压力导致的应激反应，但现在似乎看不到了。一般不会出现这种情况。珍妮弗，你怎么了？"

"我在呼吸！"她回答。全班同学都笑了。他们以为她在开玩笑，答非所问。呼吸，这种世界上最稳定、最普通的事情，怎么能用来解释这种不同寻常的现象？

然而事实证明，呼吸的确可以解释这种事情，而且无论是投影在教室前面的屏幕上，还是出现在身体内部的感觉，呼吸所导致的效果都很显著。想要驾驭生活里扑面而来的复杂性问题，我们既要学习呼吸的原理，也要学会调整呼吸。呼吸，恐怕比任何其他应对复杂性问题的方法都更奏效，是我们与整个神经系统之间最稳定、最重要、最直接的沟通方式，而且我们的研究发现，呼吸还是我们的复杂性管理系统。

呼吸作为一种天赋，就像其他天赋一样，在你的体内是自然发生的，是一个可以受到意识影响的过程。这样的生理机能并不常见。心脏跳动，你不能直接控制。肾脏从废物中过滤营养成分，你也不能直接控制。免疫系统的工作，你还是不能直接控制。但是呼吸随时随地自然发生，你可以直接控制它，这真的是天赋！

呼吸一直伴随着我们。本书提及的其他方法可能在你做季度销售业绩回顾，或者被夹在飞机上的中间座位时，并不那么得心应手。但呼吸始终与你形影不离。你总是可以从中学习，并用它来调整自己的身体。

呼吸是从交感神经系统到副交感神经系统的转换键。吸气，你在那一刻激活了交感神经系统；呼气，这一瞬间是副交感神经接管了工作。呼吸是两个神经系统完成切换的关键动作。

我们并不只是完成呼吸这个动作，我们的呼吸是有模式的，而这些模式可以告诉我们身体的变化。在上一章中，我们从觉察呼吸开始。但我们能做的不仅仅是觉察。首先，我们可以从中学习，比如，浅呼吸的模式可能表示我们的交感神经系统被激活，因为吸气多于呼气。你知道那种感觉，对吧，就像你几乎屏住了呼吸，感觉将空气都呼出来就不安全了。事实上，你现在就可以让呼吸变得又浅又快，激活你的交感神经系统。你可以喘几次气，你的心率就会上升，身体就会开始释放肾上腺素。这样做的时候，你可能会注意到自己的情绪发生了变化，你开始变得有点焦虑或兴奋。（如果继续，你可能会呼吸困难，开始感到恐慌，现在，你可以停止浅快的呼吸了。）

改变呼吸模式也是激活副交感神经系统的主要途径。就像我们可以提示交感神经系统一样，我们也可以有意识地用呼吸来提示副交感神经系统。我们将练习几种能发送出最强信号的呼吸模式。每个信号都在告诉你的神经系统，你很安全，一切都好，不需要逃避。

在你拿起这本书之前，我们知道，你肯定也听说过应该控制呼吸。数千年来，世界各地的人们一直在练习呼吸。我们只是提供了一条额外的理由来关注这个古老的概念。如果你想驾驭复杂性问题，你就需要管理你的呼吸。也许更重要的是，在你作为领导者感到压力过大时（无论你是领导者还是家长），你都需要首先切换你自己的神经系统，然后才能帮助他人做他们自己神经系统的主人。所以，想要驾驭复杂性问题，你需要启动自己的呼吸天赋。

启动天赋的实践：选择你的呼吸模式

我们提供三种呼吸模式练习。你可以看看哪一种更适合你，也可以在不同的时间段分别进行尝试。重点是要牢记，这些模式是你驾驭复杂性问题的"转换键"，可以调动你的身体，与世界建立联结。

深呼吸。这里的重点是将呼吸从胸腔转移到横膈膜。注意你的呼吸，看看能否让它深入肺底部。把一只手放在胸口，另一只手放在腹部，试着将呼吸从胸部带到腹部。我们发现，想象有一股力量将呼吸推向我们的腹部会有帮助。在横膈膜伴随着呼吸有节奏地浮动时，它们会向副交感神经系统发出信号，表示一切正常。

放慢呼气。记住，呼气是副交感神经系统在工作，所以我们用呼气来向神经系统发出积极的信号。要确保呼气比吸气更长更慢，这样才能提醒你的身体没有遇到危险。这时候数数可以帮助你。试着吸气时数到六，呼气时数到八。重复五次呼吸，让你的副交感神经系统有机会发挥作用。

盒式呼吸。在思潮起伏时，这种呼吸方式可以帮助你稳定下来，因为它需要你专注。吸气时数到六，屏住呼吸数到六，呼气时再数到六，然后屏住呼吸数到六。在屏住呼吸时，血液中的二氧化碳含量逐渐增加，而少量的二氧化碳可以增强向副交感神经发出的信号。现在，呼吸的每一个节奏都左右着你的注意力和心思。你的交感神经系统会感觉到这份专心和平静。运用你的呼吸天赋意味着，为你和周遭的人创造条件，借助稳定而有创造力的神经系统来驾驭世界的复杂性。

闹钟响起，马克睁开了眼睛。在刚刚过去的这段时间里，他一直是半睡半醒地躺着。他希望把这当作恢复精力的方式，而不是浪费时间。这么多年来，他一直努力让身体越来越早地醒来，这让他感觉更有效率，但他也注意到了为此付出的代价。虽然仍然感觉有点傻，但他在等待闹钟响的过程中，一直在有意识地做深呼吸，思考当天即将面对的各项挑战。

前一天和西蒙的谈话让他大吃一惊。西蒙的工作表现没有达标，这是事实。他经常迟到，项目也不像以前完成得那么出色。但如果不是被迫要把预算降到最低，他也不会想让西蒙离开，这也是事实。前一天，他们边走边聊，西蒙告诉马克，他和妻子要分手了，两人正在争夺前一年收养的孩子的监护权，而且西蒙正在寻找新住处。他解释说，他非常热爱这份工作，而且他需要一份可以灵活安排时间的工作，让他同时履行父亲的职责。但让马克改变主意的不仅仅是同情。西蒙极其聪明，也是凝聚团队力量的核心人物。如果西蒙走了，马克并不确定其他表现特别出色的员工是否会留下来。他知道总有猎头盯着他最优秀的员工。

谈话结束后，马克感到精疲力竭，不知所措。虽然他试图安静地躺在床上，却依然无法平复心情。他的大脑开始运转，工作清单开始在他眼前晃来晃去。他需要把当天上午的几个会议调整到下周。他需要弄清楚如何调整预算，而这件事的难度越来越大。当然，他也要对西蒙的事做出决定，因为他昨天并没有让他离职。

但在处理这些问题之前，他意识到自己想要去纠正、推进行动的冲动，他无法进行复杂的思考。为了让自己平静下来，他穿上跑步的衣服，朝门口走去。没有什么比出一身汗更能让他头脑清醒的了。尽管他觉得自己没时间运动，他知道自己更没时间纠结。

行动中的领导力

到目前为止，我们在试图说服你，觉察和呼吸是可以采取的行动。但我们现在要用行为冲动来做一些新的尝试。回忆一下，直面复杂性的领导力需要你引导自己和他人的神经系统。因此，我们顺其自然，尝试一种顺应行为冲动的方式，那就是移动你的身体。那些能够驾驭复杂性的领导者和团队全身心地投入（从头顶到脚底）施展领导力。这意味着你也要活动你的身体！

活动是一种天赋

我们曾在第一章说过，在各种不同类型的研究中，最有趣的发现之一就是我们生来好动。我们知道，乍一看，这并不是一个惊人的发现。你在几分钟前就有过活动：打开这本书，或者煮一杯咖啡，或者换一个更舒服的姿势。但是我们很多同事在绝大多数时间都不怎么活动。人类的进步意味着我们不用凡事亲力亲为。对于许多读者来说，活动身体在某种程度上已经变得可有可无。我们的食物从超市移送到门口。我们的工作转移到电脑上。我们的汽车、火车和飞机可以让我们在几乎不费体力的情况下，将我们带到远方。诸如此类。进化让我们做好了采取行动的准备，而我们生活的现代世界却告诉我们要坐下来思考问题。对于一位现代领导者，展现领导力的"活动"几乎是动口（或者动手，如果领导者觉得动手更有助于表达的话）。他们只需要用到身体资源的一小部分（大部分时候是站着，甚至坐着不动）就能做出决策，发号施令，赢得周围所有人衷心的支持和拥护。

但在进化的过程中，我们靠移动自己的身体转危为安。交感神经系统让我们的身体行动起来逃离危险，进而维持我们的生命。而现在，它却在对我们的身体造成伤害，因为我们没有去消耗积聚的皮质醇，而是坐在车流中或电脑前备感压力。皮质醇积聚，开始关闭我们最重要的健康系统，并侵蚀我们的动脉。奇怪的是，我们曾经必须行动起来才能摆脱外部的致命威胁，现在却必须行动起来才能摆脱来自内部的致命威胁。

我们需要活动身体的另一个原因（有了拯救生命这条原因，其他原因还重要吗？）是我们依然渴望有所行动。在静态的世界里，我们对采取行动的微妙渴望表现为一种去建造、去修正、去实施的行为冲动。虽然实践非常重要（我们会在下一章讨论做试验），但是紧张的神经系统只能带来反射性行为，而不是处理复杂情况所需要的具有创造性、联结性或试验性的行为。在现代世界里，我们曾经通过移动身体来脱离危险的欲望，已经变成通过头脑来掌控一切的欲望。因此，我们如果不活动身体，就会进入试图掌控、感觉正确、渴求共识等心智误区，以此缓解交感神经的不安。不幸的是，在面对复杂性时，这些做法几乎都是错的。[1]

那我们应该怎么做呢？我们需要让身体动起来，这一点至关重要。我们在感到疲惫，压力很大，或者忙得无暇处理任何事情的时候，就需要让身体动起来。我们每天都需要活动身体。

本书的作者们对活动身体的喜好并不相同。不管生活中发生什么，卡罗琳每天都会锻炼身体，她宁愿出汗也不愿吃蛋糕

（真的！）；珍妮弗宁愿给花园除草也不锻炼（但必须指出，除草是一项被广为低估的令人愉悦的活动）。所以珍妮弗需要很多有说服力的论据来相信运动的力量。这些数据真是令人震惊。[2]

从来没有任何一种药物，被证明能像运动一样有效地对抗几乎所有困扰我们的疾病，包括心脏病、中风、癌症、高血压，还包括抑郁、阿尔茨海默病、焦虑等。研究人员甚至不确定为什么运动会有这么多好处，但有些人认为，这又是那个神经系统在作怪。讽刺的是，我们并没有进化到热爱运动的地步，因为在进化的过程中，运动只是为了生存。然而现在，我们的日常习惯让我们远离奔跑，在运动与静止之间陷入纠结。

这意味着，在面对复杂挑战的时候，我们的第一反应恐怕是深思熟虑。我们可能会在办公桌前坐到很晚，苦思冥想或用便利贴整理思路，或者发送一封又一封的电子邮件。我们可能会想："我如果能再找到一条数据，再读一本书，就会得到一个更明确、更有针对性的解决方案。"但问题是，我们选择在午餐时间埋头工作，并没有有效地利用自己身体和大脑的天赋。这就像电脑卡住时，我们只是不停地乱按，每按一次键都让我们愈加沮丧。通常我们只需要重新启动电脑就可以解决问题。而运动就是我们的"重启键"。

我们即使在切换动作的过程中，也在塑造神经系统的反应。用牙齿轻轻地夹住一支铅笔，我们可能会觉得开心一些。让我们开心的并不是这个荒唐的表情（或者不仅仅是这个原因），而是我们的嘴唇变成了微笑的形状，告诉我们的身体我们很开心，神经系统就会在此时释放多巴胺。我们现在检查一下自己的肩部。如果肩膀肌肉紧绷或者是朝耳朵的方向耸起的，就在告诉我们的神经系统，周遭充斥着不安全因素，我们的身体就会激活交感神经系统，以防患于未然。如果我们让肩膀放松下沉，就是在向副交感神经系统发送信号，示意一切正常，附近没有虎狼等危险因素出现。

这是因为我们身体所拥有的复杂的调试系统，意味着因果关系是双向的。请记住，虽然我们人类渴望建立 X 导致 Y 的因果关系，但在复杂的系统中，X 和 Y 往往是互为因果的关系。我们的身体亦如此。我们在开心的时候会微笑，而我们在微笑的时候也会感到愉快。我们在紧张的时候会耸起并绷紧肩膀，而我们在耸起并绷紧肩膀的时候也会感到紧张。这是一条双行道，理解之后，我们就可以更优雅地游走于其间。

启动天赋的实践：选择你的姿势

当然，第一项练习是觉察。你现在是哪种姿势，蜷缩成一个小球，还是四肢伸展，就像你拥有全世界？哈佛大学教授艾米·卡迪（Amy Cuddy）在研究中发现，你的姿势不仅会改变人们对你的看法（在身体占据更多的空间时，你会给人留下更深刻的印象），还会改变你体内荷尔蒙的量（在紧缩身体时，你会释放更多的皮质醇，而在舒展身体时，你会释放更多的睾丸激素）。许多其他研究也发现了同样的现象：你身体的姿势可以改变你对世界的感知。[3]

所以，想一想，你的肢体语言是否表达了你想（对自己和对这个世界）传递的信息。觉察一下，你希望自己在开会时能更灵活地面对团队的决策，然而你全身肌肉紧绷。你可以试着放松你的肌肉，或者改变你的姿势，让身体更舒展。觉察一下，如果你想获得他人的重视，是否将身体蜷缩成一团，让自己变得渺小。或者，如果你想在会议中减少打断他人的次数，注意你自己是否四肢摊开占据了太大的空间。改变你的姿势，尝试一种新的肢体语言，看看这样能否让你由内而外焕然一新。

启动天赋的实践：活动起来

接下来介绍的是让你活动起来的天赋练习。这些练习并不费时，你一定要全部尝试一遍。我们向你提供的不是成为马拉松运动员的训练建议。我们甚至不建议你用这些方法来保持身材。我们想说的是，有一种领导力往往被忽视，那就是启动你所能支配的一切来发挥领导作用。你可以支配的不仅有你的头脑、社交技巧、情商，还有你的身体。要想在复杂的世界里更好地发挥领导力，你必须让自己的身体活动起来。

让自己气喘吁吁。我们应该怎么做呢？在一天里让自己气喘吁吁地活动几次。我们已经讨论过呼吸，知道短促的呼吸会激活交感神经系统。那么，为什么气喘吁吁的活动会有帮助呢？原因有二。一是"副交感神经反弹"，意思是，如果刺激交感神经系统，然后迅速停止，我们就会受到副交感神经系统的丰富滋养(记住，我们的神经系统本就应当这样协同工作：一次短暂的爆发式运动启动了交感神经系统，继而引发副交感神经系统为我们带来一次长久、愉快、轻松的体验)。二是，快速运动会消耗掉一些应激激素，如果这些应激激素不被消耗掉，就会在我们的血管中流淌，就像一群无聊的"好事之徒"，为了消遣而撞倒免疫系统的围墙。

现在，找一个你可以跑步或跳舞，但不会让自己觉得失态的地方(请注意，如果你坐在飞机的中间座位上，就不适合)。你离开家中的办公桌，去洗手间，或者假装要上楼拿点东西，在路上播放音乐，随之翩翩起舞，你舞动身体，直到气喘吁吁。你在再次坐下的时候，感受一下刚刚的练习是如何改变整个生理机能的。[4]

让身体流动起来。好吧，从科学的角度来看，这一点有些争议，但我们的确发现它对我们及客户的生活产生了巨大的影响。有证据表明，跨越身体中线的活动会改变大脑半球的工作模式。至少有一项关于创造力的小型研究表明，"流畅"地移动身体可以增强你的创造力。[5]

这是我们最喜欢的跨越身体中线的流动活动，它源自古老的太极拳。站好，为摆动手臂留出足够的空间。双腿站稳，双脚与髋同宽或稍宽。然后转动腰部，先尽力向左看，再尽力向右看。之后，加快速度，让手也随之绕着身体摆动。如果伴随着音乐你把它当作跳舞，我们也不会反对。

在试着这样活动两三分钟后，你坐下来感受自己身体的状态，觉察自己身体的变化。你所感受到的恐怕就是神经系统之间的切换能够以更强的创造力、更紧密的联结、更从容地面对复杂的挑战。

睡眠是一种天赋

我们在讨论改变自己内在状态的时候，不能绕开改善睡眠这个话题。如果你的睡眠质量很好，可以略过这一部分，继续往下看。但我们大多数人都无法让自己完成专家建议的每晚7—9小时的睡眠时间。作为时而遭遇睡眠障碍的女性，我们知道，告诉人们睡眠的神效，以及糟糕的睡眠与几乎所有让人恐慌的疾病（癌症、阿尔茨海默病、中风、抑郁症等）之间的关系，对你延长睡眠时间并没有帮助。此外，那些有助于睡眠的习惯（午后不喝咖啡，睡前5小时不喝酒）反而会让你更沮丧。

然而，睡眠是激活驾驭复杂性的天赋的一个出人意料的要素。它可以启动诸多功能，让我们能够在直面复杂性的时候有出色的表现（创新，创造，建立联结）。或许更重要的是，我们牺牲睡眠时间（通常是出于提高生产力或效率的良好意愿）反而是在为自己设置巨大的复杂挑战。

你可能并不相信上面所说的。睡眠，毕竟是在无意识的状态下进行的，能对你领导力的发挥起到什么作用呢？下面是几个让人难以置信的事实。[6]我们为了能够找到模式应对复杂的挑战，需要记住在当下发生了什么。睡眠（尤其是前半夜的深度睡眠）能够有效地更新和删减我们的记忆，也就是将记忆从大脑的短期存储区域，转移到更稳定和更长久的记忆空间。现在，你可以利用昨天的观察来做点什么，而不是将它们白白浪费。

睡眠（尤其是早晨醒来前的睡眠）也有助于我们理解人类复杂的情绪状态。如果没有这段时间的睡眠，我们就会错误地解读他人的面部表情和声音，（正如你所猜到的那样）认为面临的威胁比实际情况更大，情况更危险。我们更不容易相信他人。我们会少一些利他行为，多一些自我保护行为。这也让他人更难信任我们（另外，当身体没有得到充分的休息时，我们总是对危险过于敏感）。对于驾驭复杂性的领导力来说，这无疑是一场灾难，因为缺乏信任的团队根本不能敏捷地处理那些复杂、相互依赖和不断变化的问题。

你为改善睡眠所做的一切努力，都会或多或少地启动你驾驭复杂性的天赋。这并不是要求你每天晚上都睡个好觉（我们很看重实际，生活中总是会有一些关于孩子、宠物和自己的突发问题）。但要长期保持驾驭复杂性的天赋，睡眠必不可少，而且立即见效。也就是说，每天晚上睡个好觉，会对你驾驭复杂性大有裨益。有些读者觉得自己只需要少量的睡眠就可以驾驭复杂性，你可能就是其中之一。针对持有类似说法的人所做的研究表明，事实并非如此（我们知道，你和他们截然不同。有可能的确如此）。有鉴于此，我们提供两种启动天赋的实践来帮助你唤醒睡眠的天赋。

启动天赋的实践：将睡眠视为核心工作的一部分

如果你认为睡眠是一种烦恼，宁愿让它消失，你很可能会尽量减少睡眠时间，忽视它，催赶它，并通过很多方法干扰它。

然而，如果你认为睡眠是当好领导者的核心因素之一，你就会设法证明拒绝参加夜里 10 点的会议并不是偷懒，而是确有必要。

新冠病毒感染疫情的暴发让领导者无法乘坐飞机出差，他们便开始在深夜接听电话，处理不同时区的事务。领导者在凌晨 4 点接听电话已经成为惯例。领导者开始分不清，有些会议是在短暂的晚睡之前还是在短暂的早睡之后进行的。领导者这样值夜班看似很有必要。

但问题不止于此。

夜里 10 点开会意味着你的神经系统会一直兴奋到午夜过后。如果你需要借助咖啡或糖才能熬到那个时候，那么你可能要等到次日上午 10 点，才能将它们代谢掉，进入睡眠状态。当你的身体想入睡，而神经系统没有做好入睡的准备时，睡眠就不会起到真正的作用。你在入睡之后进入的无意识状态，也不等同于为了修复你的身体而进入的无意识状态。这意味着，你前一天经历的大部分事情都会被遗忘，不会进入长期记忆。这还意味着，你在第二天做的决策质量会降低。如果你的工作是可预测的、重复性的，并且可以通过生搬硬套来完成，这就没有太大的影响。如果你在复杂的条件下工作，你就需要调动所有的天赋。那么深夜开会可能会消耗两个工作日的成果，并可能因失策或误判而造成长期损害。

如果你相信，你需要睡眠来充分启动领导力，那么你就会像精心规划白天一样规划你的夜晚，因为白天和黑夜同等重要。

启动天赋的实践：多休息片刻

在白天制订睡眠计划只是一部分。我们现在必须落实计划，坚持到底。对于许多人来说，即使计划得再好，也难免出现典型的强化反馈循环（the reinforcing feedback loop）。我们入睡难，所以抗拒去睡觉，然后会把时间浪费在浏览手机或电脑上，做一些无聊的事情，从而推迟入睡的时间。这样做会将入睡的时间推得越来越迟，从而剥夺了宝贵的深度睡眠时间，而这种深度睡眠只会发生在前半夜。或者，我们在清晨过早醒来，开始胡思乱想，然后只能放弃思绪，从床上爬起来，这样做也剥夺了一段宝贵的睡眠时间，而这段睡眠只会发生在早晨醒来之前。

本书最简单的建议之一，就是放下电子设备，多休息片刻。你躺在床上的时候，不要为能否入睡感到焦虑（为此烦恼只会刺激交感神经系统，你猜对了，这会导致失眠）。要知道，你如果有七八个小时（或更多）的时间躺在床上，就是在明智地利用时间。事实上，即使你没有入睡，思绪在缓慢游荡，你仍然可能在运用睡眠的天赋，同时激活了其他驾驭复杂性的天赋。你可以在思想自由徜徉的时候，完成本书中的其他练习，比如，觉察你的身体和呼吸，专注当下，以及进行所有重塑情绪的练习。这些我们将在之后的章节中讨论。

晚上感到困倦时，你放下手机、书和工作，钻进被子里。闹钟响起前醒来时，你允许自己躺在床上再瞌睡一会儿。你需要给自己的身体提供充足的睡眠。还要记住，你驾驭复杂性的天赋不仅与行动有关，也与休息有关。

如你所知，关于复杂性的一条原则就是你从当下开始，觉察正在发生的事情，然后采取行动。通过改变自身状态来改变一个系统，是名副其实的天赋。现在，我们将这种改变的范围从自我扩展到整个系统。

第四章　为改变创造条件：
做试验是一种天赋[1]

亨利手捧两杯咖啡走进来，艾莉森拉出她旁边的椅子。"这个主意不错。"他说。协同工作会议室的大屏幕上显示着身处各地的同事，他们设置了静音，都在忙着自己的工作。这就是有人建议的"周二见面日"的试验。当时的想法是，人们都怀念曾经周围有同事的喧嚣气氛，而只需要看到彼此，就可能会感到心情愉悦。所以现在每到周二，就鼓励同事们在工作时打开摄像头，调成静音。就在刚才，在丹佛的一个协同工作空间里，一群同事就某件事展开了激烈的讨论；在杜塞尔多夫，有两位同事已经工作了一天，根本没有与彼此讲话。画面显示，有人是在厨房或者客厅里工作。他们也能看见艾莉森和亨利。偶尔会有人抬起头，对着屏幕挥手，但大多数情况下，他们都会忽视彼此。正是大家一起工作的体验，帮助人们感受到了联结。

"这很酷，不是吗？"艾莉森在椅子上盘腿而坐。她喜欢来当地的协同办公空间，因为她可以身着瑜伽裤和大家一起工作。她也喜欢亨利有时开车来伊登维尔，和她一起在市中心的小办公室里工作。"但大家不知道第二项试验很快就要启动了。"

亨利大声笑起来："你知道吗，我认为所有这些试验都非常奇怪，不是吗？我依然不能完全理解为什么不实施顾问设计的方案，那样会更有连贯性，而且是他们曾经尝试过的，知道哪些措施会奏效。"

"亨利，让我担心的是他们设计解决方案的思路。这些顾问从来没有遇到过这样的挑战，他们的专业知识，和面对这种复杂性的确定态度，让我感到紧张。相反，把这个问题交给我们自己人，让他们设计试验，也许会缺乏项目的连贯性，但我猜这样做会更有效。我知道这听起来很奇怪，但人们在做试验和分享收获时，会启动他们的天赋。我们在几年前尝试过，当时每个人都展开想象，一起尝试。我们不仅掌握了问题的解决方案，还加深了对自己和对彼此的了解。"

亨利点了点头："过后我才更理解你观点中蕴藏的智慧。这个'建立联结'计划的早期回报的确非常好。预算只需要试点计划的一半，却已经有超过 1400 人参与打造新文化。哦，我猜这是下一项试验的开始。"他的声音变小，因为在丹佛的同事们被敲门声打断了，没想到是外卖员送来了一些奇葩零食。杜塞尔多夫的两个人抬起头，吃了一惊，因为他们也收到了零食。其他办公室的同事们开始盯着屏幕，也停下了手头的工作，开始调查意料之外的快递。很快，人们按照零食上注明的简明指示(例如，给伦敦办公室打电话)，通过语音联系其他办公室，并举起奶酪块或一包橄榄果，展示他们收到的快递。提议并协调了这次令人惊喜的零食联动的团队出现在一直没有人的都柏林 Zoom 画面中，他们笑容满面地与彼此聊天，时而指一指屏幕。他们虽然为实施这次试验做了大量的工作，但对自己的劳动成果感到欣慰。

"最令我惊讶的是，"亨利在等自己的快递时说，"即使试验进展得不顺利，我们似乎也不会付出任何代价。事实上，有意思的是，情况恰恰相反。由于整个公司都参与了这项建立联结试验的设计与实施，无论试验本身是否能将人们联结起来，他们在这个过程中都建立了更紧密的联结。这是最神奇的一点。"

"我完全认同，"艾莉森说，"我想，这正是我们从多样性和包容性的领域中所学到的。正是不断尝试、学习和前进的精神，让一切都变得不同，共同朝着新方向蹒跚前行。我们不再那么被动，也少了一些完美主义，允许不同的声音在系统中主导进程并发挥作用，而这让人们感受到了彼此之间最真挚的联结。这确实很酷。"

敲门声响起，他们的快递送到了。爱尔兰脆饼饼干的盒子上贴着一张纸条，上面写着："给都柏林办公室打电话。"今天在伊登维尔的其他三位同事也加入了他们的会议室，在他们分享零食的时候，艾莉森打通了都柏林办公室的电话。都柏林办公室的艾登（Aiden），也就是这项试验的天才设计者，正在吃脆饼饼干。"大家看起来很享受一起茶歇。"他在世界的另一端说。事实上，画面上人们的笑容足以证明他们的喜悦。他继续说："我认为我们只要每四周到七周安排一次，间隔时间不要固定，就能让周二的见面日非常受欢迎！""人们不知道哪一周会有惊喜，所以肯定会参加每周二的见面日。我们也会解决这项试验在奥斯汀遇到的问题。"在他说话期间，人们都看着得克萨斯州一个脾气暴躁的三人组，他们既没有收到零食，也没有拨打电话的任务。"我现在就给他们打电话。"艾登离开了屏幕，凯拉（Kyra）出现在他的位置上。"致零食包试验！"她说着，举起了她的茶杯。大西洋两岸的每个人都笑着说："致零食包试验。"

艾莉森举起她的咖啡杯，补充道："致我们1400种建立联结的方式。"

"致我们1400种建立联结的方式。"一群人回应道。艾莉森很高兴在欢声笑语中也听到了亨利激动的声音。

为酝酿新的解决方案创造条件

复杂性最美也最难的一点，是你无法掌控会发生什么。这太可怕了，你什么都保证不了！但这也是可喜的，因为你可以收获全新的创意，远胜从前！到目前为止，我们讨论的每一个步骤都可以为酝酿新的解决方案创造条件。这是一种新思路，让你在复杂的世界里，在引领前行时，明确应该做什么。

这种专注于"创造条件"而不是结果的做法，往往始于一种挫败感，对于某些人来说，甚至是一种绝望感。作为孩子，我们相信父母可以让我们如愿以偿。作为年轻的专业人士，我们相信首席执行官是世界上最有权力的人。如果我们为人父母，就会发现自己从来没有像现在这样富有人情味，也从来没有如此迷失过。如果我们成为首席执行官，就会发现自己从未感到如此无力，所有的直接掌控权都在组织内部其他人的手中。这样的发现可能令人灰心，也可能令人畏惧。少年的一举一动似乎都不受父母的希望和愿望的影响。员工敬业度分数的每一次浮动似乎都与领导者的言行无关（但奇怪的是，这与在总部旁边新开的咖啡店里肉桂面包的质量有关）。为什么我们如此在乎，如此努力，却依然觉得事情不在掌控之中？

或许这是因为在复杂的环境中，我们关注的是那些徒劳无益的事情。我们聚焦自己最希望得到的结果。你可能希望12岁的女儿把她的朋友带到家里，而不是待在你不知道的某个地方。你可能正在计算产品团队开发新应用程序的数量。相反，在面对复杂性时，我们必须专注那些我们可以施加影响的事情。在这种情况下，你应该设想可以为女儿创造哪些条件，让她和她的朋友愿意留在家里的时间更久。你可以清理出地下室，打造一个青春期女孩的天堂，挂上童话般的灯饰，并配上一套高品质的蓝牙音响。或者，你可以想想如何为产品团队创造条件，让他们与使用这些产品的用户交谈，在商场的售货亭里设立一个为期数周的临时工作站，供人们停留、试用和交流，激发团队的好奇心和新创意（也许这还能唤醒他们对居家办公的渴望，向往那份清净和简单）。

上大学的时候，珍妮弗曾在假期打工，为一家美食店制作礼品篮，她从中学到了创造条件的力量。礼品篮是商店的摇钱树，节日期间供不应求。"篮工"们挤在地下室高高的桌子旁边。在光秃秃的灯泡发出的昏暗的光线下，摆放着一盒盒的黄油饼干和一罐罐的鹅肝酱。这个地下室要么太热，要么太冷，很容易让员工觉得自己像被囚禁一样，他们十分厌恶这份工作。但老板泰瑞（Terry）知道如何创造条件（来激发"篮工"的工作热情）。尽管房间简陋，条件恶劣，但"篮工"总是保持高昂的精神状态。泰瑞发起的荒诞比赛让所有人都忍俊不禁：谁能在篮子里装满粉红色商品？谁能做一个篮子，里面的每一样商品都有酒的成分？他让葡萄酒或奶酪部门的专家来教授制作秘诀。他随时都有大量精美的巧克力分给"篮工"。在"篮工"们感到疲惫时，他还会从餐饮部拿来小吃给大家享用。

当然，我们有像谷歌这样的组织，以其排球场和午休椅而闻名。人们显然知道要为"创造条件"而绞尽脑汁。但泰瑞教给珍妮弗的是，可以创造条件来鼓舞人心，而且这样做只需要投入极少的额外资源。比赛可以激发创造力并打开思路；人们开始了解产品及其成分，并开始认真思考色、香、味的各种组合。这也让疲惫的"篮工"开怀大笑，与彼此建立联结，体验一些成就感。但最重要的是，泰瑞给大家带来了惊喜，激发了好奇心，营造了一种在工作中玩乐的氛围，让工作不再是无须思考、单调沉闷的苦差事。泰瑞为"篮工"创造了条件，让他们发挥自己的创造力，触及顾客的生活，营造欢乐的节日氛围。

第二年，店里换了一位新经理来负责礼品篮，这位经理更关注最终结果。他唯一重视的是每个员工生产礼品篮的数量，他会在黑板上公布每天的总数。从此，工作变得机械而枯燥，黑暗的地下室令人沮丧和疲惫。讽刺的是，他们生产的礼品篮数量直线下降。他们曾经富有的创造力和匠心现在就像炎热下午的软奶酪全部融化殆尽一样没有了。尽管唯一改变的是前任经理所创造的条件，但是事实证明，一切都改变了。

复杂性：在行动中学习

我们如何知道自己应该做什么？我们的日常习惯主要源自繁杂的世界。在繁杂的世界里，我们可以明确最理想的结果，进而制订计划将其实现，我们也可以借鉴以往的经验来厘清办事流程，以抵达我们期望的终点。

而在复杂的世界里，这种按部就班的方法却行不通。太多的元素相互影响，以致我们在向前迈步时，不知道会发生什么。因此，我们在采取行动的时候需要的是思考和尝试，而不是制订计划。

谨记这个结论：此时此刻发生的事情是不可逆转的。无论你多么不情愿，你眼前的这个系统正在出色地完成它的任务。有一句话出处很多，却对所有人都有帮助："每个系统都是经过完美的设计来实现预期结果的。"如果你想改变结果，你需要的其实是让系统发生巨大的变化，从而产生不同的结果。

好吧，这个想法可能有些令人费解，即使你字斟句酌，也可能依然觉得费解。我们认为自己能够主宰生活，会想方设法让自己如愿以偿。我们通过推进、努力、说服来左右事情的发展。在复杂的世界里，这并不可行。我们想说的是，系统内的相互作用酝酿着结果，所以我们应当试着改变这些相互作用。

举之前我们希望在 Cultivating Leadership 推动种族结构多样化的例子。我们的系统有着完美的设计，总是可以让我们接触到和我们一样的人。我们越努力地寻找，就结识越多和我们一样的人。我们打开了水龙头，却没有改变水龙头的工作模式。所以，我们在意识到问题之后，做出了截然不同的尝试。

但我们做的"尝试"并不针对问题的核心。我们决定不去"解决"这个复杂的问题（因为复杂的问题根本不能被解决），而是去探索。为此，我们开始更关注我们是如何与他人结识的，也就是我们相遇的场景。我们认为，如果改变我们相遇的场景，就可以改变系统，这让我们遇到更多与我们不一样的同事。我们知道，遇见潜在 Cultivating Leadership 同事的核心渠道是我们为教练提供的培训课，我们称为成长边缘训练（GEC），举办的地点是我们称为草地（The Meadow）的学习空间。我们猜想，如果可以改变这些培训课的生源，我们就能更加深入地了解 Cultivating Leadership 是如何将大家凝聚在一起的。

所以我们做了试验：在成长边缘训练课程上提供免费席位，供给除了白人以外的人或在教练圈子里未被充分代表的少数群体。你只需要走进教室（或者，点击一下与会链接），就可以得到一个免费席位。我们请求组织里的每个人推广这个提议，借助他们的关系网，邀请那些和我们看起来不一样的教练。我们在这个过程中学到了很多。

这个举措的确不常见。在某种程度上，成长边缘训练工作坊的免费席位与在 Cultivating Leadership 实现团队多样化这一结果似乎并无关联。事实上，我们花了很长时间才有了这个想法，因为这两者之间的关联并不明显。我们在尝试的过程中，收获颇多，也实现了改变。事实证明，提供这些免费席位的确让我们接触到了一批来自世界各地不同肤色的优秀教练。但这是一个复杂的世界，事情往往并不按照我们预期的方向发展。我们（到目前为止）尚未通过该项活动直接招募到 Cultivating Leadership 的新同事。但消息传开了，更多来自少数群体的人听说了我们对推进多样化的承诺，通过各种渠道进入了我们的世界。现在，其中一些人已经成为 Cultivating Leadership 的新同事（我们仍然不够多样化，但我们终于朝着正确的方向前进了！）。虽然这项试验并没有按照我们的预期发展，但它的确改变了我们的系统。因此，我们应当允许意外发生。我们准备演奏的是爵士乐，而不是完美的奏鸣曲。我们要想演奏精彩的爵士乐，就需要调动所有驾驭复杂性的天赋，并时刻准备着在问题的边缘做试验。

做试验是一种天赋

但是，我们首先要面对这样一个事实：在处理异常棘手的复杂问题时，我们往往并不想做试验。在风险很高时，我们可能会丧失做试验的天赋，因为我们的神经系统会发出信号，告诉我们要集中精力取得胜利。为了启动这种天赋，我们需要确定前进的方向，而不是预想会有怎样的结果。这一点的确有些难以理解。如果执着于问题"解决"后的样子，我们可能只是在追寻结果。如果对过程中的收获感兴趣，我们可能正在朝着做试验的方向前进。为了帮助我们更愿意做试验，我们来探究一些古老的概念。几个世纪以来，这些概念帮助人类舒展神经系统，打开思路。我们可以尝试多种方法来施展做试验的天赋。

启动天赋的实践：放下对结果的执着

为了唤醒这种天赋，我们需要做的第一件事，就是试着克服使我们大脑和身体去解决、去修复、去完成的冲动。放下执着，是许多人类文明传承的基石。这意味着观察自己究竟在执着什么（通常是对理想状态的期望），然后我们试着放松，别把思绪抓得那么紧。

面对复杂且不可预测的世界，放下执着可以缓解人们的痛苦和挫败感（也能减少过失）。放下执着还有助于激发我们做试验的天赋，因为我们是出于好奇心，而不是出于对结果的强烈渴望而执着不懈的。生活的未知也能给我们带来惊喜。我们可以满怀好奇心，试着探索接下来会发生什么。

这并不是说你不能期待事情变得更好。你希望你的团队更信任彼此，你的优先事项得到更多关注，你的战略让你上升到新高度。你希望你的孩子好好学习，你的伴侣分担家务。你恐怕对这些结果都有执念。但是我们想要踏上做试验的道路（这对于我们在复杂的世界里引领前进是至关重要的），需要助推而不是知道，需要学习而不是证明。这种不对结果执着的理念，将唤醒我们驾驭复杂性的天赋。

尝试这个练习：想象你的试验，然后想象它"顺利进行"可能带来的所有益处。例如，想象你希望团队更善于优先处理最重要的事情（从团队而非个人角度出发）。你设想一个试验，团队聚在一起讨论优先事项，所有人都达成共识，并改变他们的工作方式。你会看到一个这样的未来，团队成员放下个人利益来互相帮助，整体业绩突飞猛进。这样的想象会强化你对结果的执着。

我们换一个思路。现在想象一下，如果试验"出错"，会有哪些益处。你至少可以将"学习"纳入其中。你可以更具体一些。如果试验出错，你会更了解目前的困局，以及深陷其中的人们。在这种情况下，即使试验不成功，你也会发现一些其他推动力（例如，设定个体目标和给予奖励的方式），而这些力量似乎比你的干预措施的威力更大。或者你会发现，你的团队没有足够坦诚地公开表达不同意见，也不善于解决那些不可避免的分歧。或者你还会有其他收获。无论试验成败，你都要明确：重点是你学到了什么。这能帮助你提升好奇心，放下执着，而这就是做试验的天赋。

启动天赋的实践：保持谦逊

古代哲学家教导我们，谦逊（而不是傲慢）是我们在跌宕起伏的生活中找到出路的关键。在做试验的时候，谦逊的态度会让我们保持清醒，克制那些自以为可以改天换地的想法。我们追求的是一次不起眼的助推，其目的不是解决所有问题，也不需要所有人都认同。这并不意味着试验将梦想变得渺小，反而让梦想更丰富了！如果你需要获得很多人的批准，或需要申请一大笔预算，或需要投入几年的时间才能看到一项举措是否奏效，那么你可能会让梦想变得渺小，你要多制定一些让项目顺利进行的战略。

所以，我们在这里的练习是去思考哪些小举措可以改变条件，从而重塑现实。这意味着你要记住，你不知道答案，没有人知道答案，所以我们能做的只有助推和学习。这还意味着你必须摆脱这种心态：想引起轰动，向所有人展示才华，成为故事里的英雄。保持谦逊意味着你不会独自完成任务。你要创造条件，让每个人都成为解决方案的一部分。要想发挥做试验的天赋，你需要以谦逊的姿态放弃舞台中央的英雄角色，想办法让身边更多的人成为英雄。

假设你想让你的孩子重视学业，办法就是你抵押房子，用退休金贷款，将孩子们送到邻镇的豪华私立学校。这样做你可能会引起轰动，成为一个英雄。你梦想着，孩子们会永远感激你，认为是你的牺牲让他们的生活变得更幸福，让他们的未来有更成功的基础。你做的是一个合理的选择，但你只有一次机会，而且结果最好是能成功。这不是试验，因为结果一旦失败了，你不仅会有一大笔抵押贷款，还会遭到很多怨恨。

如果以谦逊的态度朝着这个方向探索，你会小步迈进，并在这个过程中学习。你要让孩子对学习产生兴趣，你可以朝一个方向努力，也许是你对他们的功课表现出浓厚的兴趣。在接下来的两周里，你可以坐下来，陪伴他们完成家庭作业，并提出关于作业的问题。你也可以阅读他们为准备下一次大考而读的书。你还可以朝另一个方向努力（因为你是由衷的好奇，对吧?），就是减少你对他们功课的兴趣，看能不能反其道而行之，以此激发他们自己学习的兴趣。在三周内，如果可以的话，你甚至都不说"上学"这个词。你让他们自己决定在什么时候和什么地方（以及是否）做作业。然后你在这个过程中学习。也许，你通过这些谦逊的助推，让孩子们更重视自己的学业。他们才是舞台中央的英雄。你只是帮他们找到了方向。你的谦逊为他们的伟大创造了条件。

启动天赋的实践：不要回避生命的短暂

最后一个启动做试验天赋的古老元素，是一种转瞬即逝、一切终将结束的感觉。最善于驾驭复杂性的领导者知道，他们做的任何事情都不可能永恒存在。他们的领导角色是暂时的。他们的组织，无论是久负盛名的还是历史悠久的，都有曲终人散的一天。任何事情只要有开始，就有结束。他们深谙，这个想法或下个想法，这个问题或下个问题，就像樱花树上的花朵，海上吹来的狂风，终将消散。现在的生活里有美丽的想法和棘手的问题，然而过不了多久，新的情况会接踵而至。

世间万物皆有周期，无论多美好，都不能永恒存在。神奇的是，我们知道这个道理，并不一定感到沮丧与悲伤。当重新定义短暂的生命，将它视为人生重要的组成部分时，我们就会不断学习，唤醒自身做试验的天赋。许多古老箴言都阐述了这种思想，即我们的消亡是一种福音，这提醒我们在当下好好生活，好好学习，好好爱。它还开辟了一条人们很少想到的试验道路：停止做某件事。

第一个核心做法是，你为每项试验都设定截止日期。你在思考做哪些尝试时，不要假设会一直做下去，也不要假设会影响每一个人。要记住，生命短暂，所有的变化都是暂时的。这能帮助你意识到，你担任董事长的职务是暂时的，董事会的存在也是暂时的。当然，如果试验进展顺利，你不必终结它，但你知道它终将结束。这能让你变得更加勇敢。

第二个核心做法是去削减，去剥离，去结束。多项研究发现，人们被要求做出"改进"时，几乎都在做加法。如果不刻意唤醒做试验的天赋，我们很可能会不断增加举措、项目或政策，把时间排满，把大脑塞满，最终精疲力竭。结束某件事，而不是在此基础上做更多，这是启动做试验的天赋的关键。

复杂性的特征是变化、不确定和相互依赖。焦虑往往是由这些因素引起的。然而学习和快乐也源自这些因素。做试验的天赋意味着我们与神经系统协同合作，不被焦虑裹挟而陷入痛苦的旋涡，可以让生命的精彩点亮人生。

第五章　重塑情绪：大笑和好奇是一种天赋

　　"嗯，的确有些出乎意料。"皮特说，看着苏普里亚在他的五金旗舰店的储藏室里布置的野餐。休息区的桌子上铺了一条野餐毯，水壶里是鲜榨柠檬汁，篮子里放着烤鸡，饭盒里装满了亮绿色的食物，还有竹制的盘子、杯子和勺子。

　　苏普里亚的脸沉了下来："太多了？太奇怪了？你说这周没时间一起吃午餐，我就想，也许可以把午餐给你送过来。"

　　"我只是不知道你要来，感到很惊讶……"他的声音越来越小。

　　"因为我本来想给你一个惊喜，以为你会喜欢。"苏普里亚的声音刚才就很小，现在又多了几分冷漠。

　　皮特知道他尴尬的反应令人扫兴。他坠入了爱河，而她也表示了好感。他现在满脑子想的都是如果店里的人走进来，会说些什么。他深吸了一口气，回到当下，不再思考之前和会计师的那通电话。他看着烤鸡，心怀感激，想到这是他吃素的女朋友（她是自己的女朋友吗？自己是不是过了谈女朋友的年龄？）特意送来的，多么难得。在他父亲的第一家五金店的储藏室里，他敞开心扉，面对这张桌子上所呈现的独特文化的交融，以及他生活中的不同寻常，会心一笑。

苏普里亚困惑了片刻，然后咯咯地笑了起来。安德烈（An-dre）正在储藏室附近工作，听到了笑声，探出头来，也开始笑了起来，尽管你问他为什么笑，他也说不出原因。站在门口的两位顾客笑容满面地选购不同形状的浴室瓷砖。

皮特笑着问道："那是土豆泥和菠菜奶酪吗？""印度烤饼旁边是饼干吗？"

苏普里亚现在开怀大笑："我还带了木豆和米饭。甜点是红薯派。就咱们两个人吃，对吧？"

很快，他们让安德烈和顾客们带着印度烤饼裹鸡肉和木豆离开了。苏普里亚和皮特坐在餐桌旁，他们的盘子里堆满了苏普里亚带来的各种食物。

"刚刚发生了什么？"她问他。

"什么意思？"皮特一边表示好奇，一边用鸡肉舀起菠菜奶酪，一起放在饼干上。

"你刚才进来的时候，显然有些失望，可能场景和你的预期不一样。确切地讲，你看起来很惊恐。我以为自己把事情搞砸了。然后你突然笑了，每个人都被笑声感染，而这似乎是世界上最好的惊喜。是什么带来了这样的转变？"

皮特擦了擦嘴。"事实上，这一切都因你而起，"他若有所思地说，"你一直在说我们的情绪实际上是我们的选择，你也在教我如何做这样的选择。在那一刻，我践行所学，选择了我想要的情绪，不再被愤怒淹没，而愤怒的情绪可能来自之前和会计师的通话。"

苏普里亚不好意思地拂去了牛仔裤上的饼干屑："也许我说了太多工作上的事情了。"

"当然不是！你讲工作的时候，无论是你为客户提供的服务，还是你自身的成长，都对我有很大的帮助！我希望分享我的工作对你也有所帮助。但我猜，你可能没有装修厨房之类的计划。"

"我不确定哪个方案更好笑，"苏普里亚一边说，一边伸手拿饼干，"是我自己装修厨房，还是你帮我做！我从来没见过这么笨手笨脚的五金店老板！"

皮特迅速把最后一块饼干塞进嘴里。"好吧，的确如此。我不太喜欢自己动手。但这个周末你来我家，我让你见识一下真正像样的饼干是什么味道。你带上木豆。"

情绪和事实对于复杂的人类系统，同等重要

我们知道，当听到他人不理智、情绪化的抱怨时，领导者会感到愤怒和沮丧。

"这个过程完全公平！"

"我们没有裁员，所以大家没有必要担心！"

"为什么人们不去了解实际情况，而是盲目下结论?!"

基本上，人们常有这样的想法：事实是真实的，而情绪和传言是虚假的，如果我们能远离虚假，接近真实，事情就会朝着更好的方向发展。我们也为"假新闻"所造成的难以想象的伤

害感到沮丧并深表同情。然而我们发现，事实对复杂的人类系统固然重要，但是情绪、传言和故事同样是人类社会的核心元素。

只要我们中的任何一个人认为只有事实重要，情绪和故事（或者说"应该"）都不重要，那么我们就错过了人之所以为人的意义。我们忽视了自己也属于一个物种，事实、情绪和故事之间是相互关联的。我们浪费时间和精力去抗拒情绪化的反应，渴望获得完全理性的员工、伴侣、孩子或自我。与此同时，我们也错过了塑造系统的宝贵信息。我们如果将情绪视为关键数据，就能了解目前事情的进展情况。如果不考虑情绪数据，我们所得到的信息恐怕既不完整又没有帮助。

我们如果不了解情绪如何塑造我们的心态、我们的故事，甚至我们所看到的事实，就会错过干预系统的最重要的方式之一：塑造我们的情绪、心态和故事。

我们可以构建并重塑情绪

25 年前，珍妮弗在狂风大作的科德角海滩上阅读罗伯特·凯根（Robert Kegan）的 *In Over Our Heads*（《超越我们的大脑》），这是一本改变人生的书。她读到，在生命早期，我们被情绪所左右。伴随着成长，我们意识到情绪不是自然而然地发生的，而实际上是由我们构建的。此外，人们一旦知道如何构建情绪，就可以驾驭情绪。她依然记得当时的自己诧异地目瞪口呆。难道这位哈佛大学的专家在暗示情绪（就像得了一场感冒，来去无踪，自生自灭）实际上是由我们自己创造的？而且我们还可以重塑情绪？

这个概念是如此令人费解，又如此令人着迷，珍妮弗最终与罗伯特一起进行研究，并撰写了关于这一发展理论的博士论文。现在，25 年过去了，这仍然是她听过的最令人着迷的概念之一。[1]

丽莎·费尔德曼·巴雷特采纳了其中的一些理论，并围绕这些理论做了神经科学研究。她的研究表明，我们在感受到情绪之前，先有的是感觉。大脑会迅速地检查我们所处的环境，并在我们毫无察觉的情况下，为这些感觉赋予意义。我们将这种意义称为"情绪"。所以我们不是感到"悲伤"，我们所体会到的是一种感觉，然后大脑会检查我们所处的环境，再将环境与感觉结合起来，称为"悲伤"。这是一个颠覆性的想法，让我们难以置信，所以我们不如暂时将它当作一个理论来看待。

感觉＋环境＝我们把意义称为的情绪

理论是这样的。我们的身体在两个基本维度上产生感觉：效价（有多么愉悦或不愉悦）和唤醒度（有多么强烈）。然后，脑海中会浮现一个背景故事，以及与我们相关的亲身经历，这为命名情绪提供了信息。所以，你如果喜欢坐过山车，就会在过山车扭转悬空时感觉到心跳加速，手心冒汗，腹部痉挛。你会有一种非常刺激的体验，这种感觉特别强烈！你所体会到的效价无疑是愉悦的，这种感觉特别畅快！当你对情绪有所察觉时，你会通过命名来创造情绪：激动，兴奋，还有喜悦。

如果你害怕在众人面前讲话，然而轮到你在姐姐的婚礼上发言了，你走向麦克风，听到示意人群安静下来的碰杯声，可能会有一连串的感觉：心跳加速，手心冒汗，腹部痉挛。你记起上一次在类似情况下的经历，觉察到一种非常刺激的感觉，这种感觉特别强烈！你厌恶这种感觉，你厌恶公开演讲，你在这方面一塌糊涂，这种感觉特别糟糕。当你对情绪有所察觉时，你会创造出截然不同的情绪：恐惧，害怕，慌乱。

而且，你没有改变，甚至可能在同一天，你身处两种不同的环境，却有基本相同的感觉。

那么，我们能做些什么呢？驾驭复杂性的天赋，是用一组有助于我们面对复杂性的情绪故事，来取代另一组无助于我们面对复杂性的情绪故事。这样做可以有意识地调整我们的情绪状态，还可以切换我们的神经系统（如果有其他人在场，还可以切换他人的神经系统）。与此同时，你可以追踪自己的感受，以及你所建构的情绪故事。我们先从大笑开始。

大笑是一种天赋

回想你上一次捧腹大笑的样子：鼻腔哼鸣，眼泪直流，甚至笑到肚子疼。你能想起来吗？当时你和谁在一起？你还记得大笑之后的感觉吗？如果这样的场景立刻浮现在你的脑海中，那么它一定是一段难忘的记忆，鲜活且五彩斑斓。如果你想象不出这样的场景，或许你可以思考一下，为什么自己好久没有开怀大笑了。[2] 大笑具有神奇的力量，可以重新设置你的神经系统。

　　大笑也是一种驾驭复杂性的天赋。它不仅可以唤醒你的副交感神经（也就是专门负责处理复杂问题的神经系统），而且可以在我们面对复杂性的时候，疏通我们思想与行动上的阻碍。它能够调节神经系统，回顾我们之前所讲述的，你一定已经知道这项功能的益处。大笑似乎也能启动我们的创造力。多项研究发现，做一些能让你开怀大笑的事情（即使是听简短而老套的笑话时的大笑）能帮你打开思路，在解决问题的过程中你能更坚韧，这也为创新提供了条件。而这些元素在直面复杂性时必不可少，因为昨天的解决方案（这是最容易想出来的，因为它是现成的办法）会阻碍我们为明天的问题找到出路的脚步。

　　而且，和其他天赋一样，大笑也可以为团队、家庭和社区的共同发展创造条件。大笑会释放催产素，这是促进亲密关系和安全感的最重要的荷尔蒙（大量释放催产素的另外两项主要活动是生育与性爱，但这两项活动都不适合在会议中进行[3]）。研究表明，如果人们一起大笑，他们更容易共同面对困难，共同承担失败的风险，承认错误。所有这些都是在直面复杂性时，团队同舟共济的关键。记住，复杂性、不确定性和模糊性为人人自危创造了条件，进而激活我们的交感神经系统。我们一起开怀大笑时，为产生安全感创造了条件，能让我们所有人的副交感神经系统发挥作用。

　　你可能会对此不屑一顾，无论如何展开想象，你的工作（或家庭）都不怎么有趣。问题是，我们掌握的关于大笑的信息大多数都不可靠。我们的基本假设是，只有发生了有趣的事情，我们才会有笑声。但研究人员的发现并非如此。他们发现，大笑与是否发生了趣事几乎无关。想一想类似的经历：你在同一群朋友看某一部电影时觉得非常好笑，但在同伴侣或孩子看同一部电影时却觉得非常感伤（我们的感觉和所处的环境赋予我们情绪）。研究人员发现，大笑主要是一种社交体验：我们笑是为了表示我们很自在，我们喜欢某人。研究人员索菲娅·斯科特（Sophie Scott）告诉我们："我们发出的大部分笑声纯粹是为了社交。"她接着说："如果有人让我们发笑，我们会说，'哦，他们太搞笑了。他们的幽默感真强。他们逗得我们哈哈大笑'。我们的意思是，'我非常喜欢他们。我真的非常喜欢他们，他们在场的时候，我会大笑，这样他们就会知道我喜欢他们，也许他们也会喜欢我'。"[4]好吧，等等，什么？

　　如果你和我们一样，那么你知道这个情况：情绪是被构建的，而大笑本身通常是为了社交，这会颠覆你的一些想法。我们倾向于认为："这里没有欢声笑语，要是我的同事、家人或朋友能有趣一些就好了。"但事实上，我们应该想的是："这个环境并不适合欢声笑语。我想知道如何改善环境，让这里有更多的欢笑？"这是驾驭复杂性的方法中最有助于塑造环境的方法：寻找我们更需要的东西，并开始为它们创造条件。换句话说，大笑作为驾驭复杂性的天赋不会悄然而至。我们需要主动去获取。

启动天赋的实践：让事情变得有趣

我们可以有意识地让那些原本索然无味的事情变得有趣，并通过练习让我们的生活充满更多的笑声。我们相信你经常这样做，也就是说你已经具有这方面的天赋了。你恐怕有类似的经历：在和朋友共进悠闲自在的早午餐时，你不小心错把盐当成了糖放进了咖啡里，喝了一大口，就吐了出来，然后你笑得太厉害了，咖啡几乎从你的鼻孔里流出来。这并不是说在咖啡里加盐很有趣，而是事情发生的那一刻的情境，太有趣了。

换一个场景，保持同样的经历：你没有睡好，有一项艰巨的任务摆在面前，你拿着咖啡冲出门，喝了一大口，才意识到你放的是盐而不是糖。你可能会备感愤怒或失声痛哭。在这种情况下，这件事一点都不好笑。

有趣与否与事情本身无关，而取决于我们如何看待这件事。

如果我们想让事情变得有趣，应该怎么做呢？当然，不是在事发那一刻。那太难了。但是我们可以在事发后做出改变。

我们的客户是这样练习的。他们在下班时间或周末，或和朋友在一起时练习，试着在一件带来负面情绪的事件中找到一些有趣或自嘲的元素。

本杰明（Benjamin）一想到要和他的上司、上司的上司和同事开展季度销售评估会议，就备感挣扎。他即使业绩很好，也会在众目睽睽之下感到焦虑；如果他的业绩不好，那对于他来说就是一场噩梦。在会议前夕，他的焦虑与日俱增，就像我们身体和头脑中的许多强化反馈循环一样。他越焦虑，就越努力准备，在电脑前重复检查数字。他的睡眠质量下降，工作表现更差，而这样的负面反馈增强了对下一次会议的焦虑感。这真的是恶性循环。

为了应对这种糟糕的局面，他和一位也参加了会议的团队成员进行了他所谓的"让事情变得有趣"的练习。周五下午，他们在公园或通过视频见面，回顾会议过程中最令他们尴尬的情形。

"嗯，在开始共享屏幕时，我的电脑卡住了，结果我给大家展示的是我的浏览页面，所有页面一览无余，都显示着狗穿的针织衫。"本杰明开始分享。

"我一想到新项目的名字竟然是个玩笑，就没忍住笑出来了！"他的朋友西尔克（Silke）继续笑着说。

"当我们看着新目标陷入了漫长、不安的沉默时，我的肚子咕噜咕噜叫得很大声，连麦克风的另一端都能听到！"本杰明说着，边笑边觉得很尴尬。

没过多久，两个朋友就笑得连鼻腔里都发出了声音。在下一次通电话的时候，他们感觉彼此更亲近了，面对会议也不那么紧张了，因为他们知道可以在周五进行一场有趣的复盘。

启动天赋的实践：把你的笑声当作一份礼物

第二个改变生活最有效的练习是：把你的笑声当作你对他

人表达的善意。一般来说，人们不是这样理解笑声的。我们会认为大笑是一件在我们掌控之外的事，所以不能提供或者以任何方式左右它。我们一旦知道大笑是驾驭复杂性的一种天赋，就可以做出改变。

如果抱有"事情有趣，我才会笑"的想法，我们会错过无数个让事情变得好笑的语境。而如果我们认为大笑会让这次会议更成功或大笑会让这次晚餐变得不那么尴尬，那么我们就会有所转变，展现不一样的状态。这并不是说我们要假笑（尽管这样做比什么都不做要好[5]），而是要让自己做好大笑的准备，从而建立一个美好的强化反馈循环。笑声不仅有社交属性，而且颇具感染力。在你笑的时候，其他人也会开始发现更多有趣的事情。在他们开始大笑之后，你会发现事情变得更容易了，彼此的联结更紧密了。笑声可以润滑人际交往中的摩擦。

卡罗琳就因此而出名。只要提及卡罗琳，人们就会谈到她的很多事情，但有一件事总是会被提起，就是她笑口常开。她时常将自己的笑声当作礼物赠予他人，就这样，卡罗琳所在之处就变得更安全、更有趣。人们会拥有一段更难忘的时光。因为在她的陪伴下，人们不仅更开心，与彼此的联结更紧密，而且也更喜欢自己。

所以你可以练习：放松并和他人一起开怀大笑。记住，在别人讲笑话时，你的笑声表达了一种善意。可以将你大笑的天赋当作一份礼物赠予身边的每一个人。

启动天赋的实践：当心权力差异

有一种笑不是特别有趣，需要得到我们足够的重视。这就是嘲讽或嘲弄的笑：嘲笑别人的厄运或怪癖。这样的例子有很多，比如，我们嘲笑踩在香蕉皮上滑倒的人，或者嘲笑运气不好的同事在晚餐时把红酒洒在新客户身上。这是一种危险的笑，介于玩笑与蔑视或不善之间。而这种界限是由每一位在场的人划定，或者说构建的。当人与人之间存在权力差异时，这种界限尤其如此。一位朋友嘲笑另一位朋友在出差前打包的都是脏衣服，他会说："哦！你这么做也太蠢了吧！"这可以被当作一句玩笑。但是，如果是他的老板对同一件事，同样嘲笑着说："哦！你这么做也太蠢了吧！"效果就截然不同了。即使老板是出于和朋友一样的善意，并用同样温柔的语气，决定是善意还是讥讽的人也不是老板，而是打包脏衣服的人。因此，我们可以得出这样一条经验法则：我们可以自嘲，也可以和他人分享欢笑，但我们不能嘲笑那些权力更小的人身上的怪癖或过失。你所处的地位越高，你就越应该自嘲，而不是嘲笑他人。[6]

但笑声并不是我们在紧张气氛中唯一能够送出的礼物，有时甚至不是最好的礼物。我们可以选择另一种方式来唤醒不同的情绪。我们可以启动另一种驾驭复杂性的天赋，在困难时刻看到新的可能性。

皮特"砰"的一声合上账本，一股烟尘弥漫在空气中。泰伦斯（Terrance）被这个响声吓了一跳。

"我不明白父亲为什么让这个地方开了这么久，"皮特咆哮道，"我做不下去了。"

泰伦斯点了一下他面前的电子表格上的另一个标签："皮特，我知道今年情况不好，但大环境就是这样，对吧？即使今年不好，也不是完全没有希望。确切地说，虽然利润不高，但我们并没有亏损。"

"从账本可以看出来，泰伦斯，这奇怪的一年并不奇怪。自12年前家得宝（Home Depot）开业以来，我们的收入一直在稳步下降。从父亲细致的记录中，我可以看到持续衰落的过程，而这只是我们在疫情期间悬崖式下跌的前兆。他10年前就该关掉这家店。再开上6周，我会疯掉的！"

一个年轻人从办公室门里探出头来："泰伦斯，是琼斯（Jones）太太。她想买一些电器，但她的卡刷了几次还是失败。她坚持要见你。"

泰伦斯沉重地叹了口气："哦。这个女人是我们当中最惨的。去年在6周内她失去了父亲、兄弟、儿子和生意。我去看看怎么能帮到她。"他轻轻关上身后的门，然后又将门打开了。"皮特，我知道你压力很大。但如果10年前关掉这家店是正确的选择，你父亲早就这么做了。他没这样做一定有什么原因，对吧？你难道不好奇是为什么吗？"

皮特面对紧闭的门，怒发冲冠。他感到一股热流向脸上涌，手已经攥成了拳头。泰伦斯提出了一个多么愚蠢的问题。父亲坚持经营这家店，因为这是他的第一家店，是一份情怀。

即使周遭环境发生了变化，即使顾客不再光临这家店，而是去了邻镇的大卖场，即使收入不断减少，父亲仍然对这些迹象视而不见。对于父亲而言，忽视这一切异乎寻常，因为他在其他方面，都是一个细心周到的商人，他一度让这家小型连锁五金店生意盎然。但在闭店的问题上，他错了。

皮特从储藏室的货架上抓起几个回收箱，开始往里面装多年工作积累的杂物。他一直无法面对这个事实，无法扔掉父亲的铅笔头和账本，但他现在可以开始了。他打开一个又一个抽屉，拿出旧笔记本、一包包收据和一沓沓整齐的便条，便条上面写着对顾客的提醒：订购更多的油漆滚筒或某种特殊的活塞。他发现了一幅草图，优化了在瓷砖区和园艺商店间的小咖啡馆的布局。他尽管感到很难过，但还是把这些草图扔进了脚边的回收箱里。

泰伦斯怎么敢说皮特没有把事情想清楚？皮特承认他今天状态不佳。他前一晚等女儿从派对回家，很晚才睡，再加上思考今天要和泰伦斯进行的谈话，没有睡好。泰伦斯在这里工作了将近 20 年，当了 10 年的商店经理。他胜似皮特的家人。当皮特失去父亲和原有的生活，并因此感到悲伤和迷茫时，泰伦斯站了出来，教他如何经营生意。这就是为什么泰伦斯的批评让他如此心痛。

父亲为何继续经营这家商店？这给皮特增添了一个不得不面对的难题。父亲对很多事情都有良好的判断，而且不回避任何艰难的商业决策。他为什么留着这家店？

皮特一边想着这些问题，一边慢了下来，拾起一些扔在垃圾桶里的文件。是谁画了这些隐藏在店里的咖啡馆的草图？抽屉后面这堆贺卡是怎么回事？皮特翻了一遍。这些感谢信来自那些到店里实地考察的学生，来自那些生活拮据时获得了这家店的帮助而犹记于心的人，来自那些刚出狱的人，他们在店里找到工作的同时也重启了自己的人生。每张卡片都是一个故事，讲述着这个地方如何改变了一个人的生活。每张卡片都是对皮特结论的反驳。

合上夹着卡片的文件夹，皮特的眼睛里充满了泪水，因为他第一次注意到父亲精心书写的标题：另一种利润。

泰伦斯走回房间："抱歉。你父亲的愿望一直是让这里成为一个回馈社会的地方，而不只是从社会中赚取利润。我知道（这家商店的）利润下降了，但（它）对社会的回馈一如既往。"他停了下来，不自在地换了个姿势："皮特，我知道你不可能把这个地方永远经营下去。你父亲没能在有生之年目睹他梦寐以求的试验落地，没能看到这里所孕育的新的可能性。我理解你为何如此明确自己的决定。"

皮特对泰伦斯眨了眨眼睛，领会着他刚刚的一席话："朋友，原来我才是那个需要道歉的人。关于你刚才说的话，我有无数的问题，完全不知道下一步该怎么做。我们能一起想办法吗？"

好奇是一种天赋

用作名词时，wonder（奇迹）的意思是："由美丽、非凡或不熟悉的事物所唤起的一种惊奇和欣赏的感觉。"我们都有过面对雄伟壮观的景象深感敬畏的体验。用作动词时，wonder（好奇）的意思是"渴望知道某事，感到好奇"。[7] 我们会同时使用这两种含义来帮助我们打开思路，拥抱好奇所激发的创造力和潜能。

首先，回忆一下，你在面对奇观异景时的那种勾魂摄魄的感觉。你仰望漆黑的天空，繁星密布的天空可能会令你感到目眩神迷。你坐在音乐厅里，美妙的音乐可能会让你的身体产生和谐的共振。你穿过森林，偶然发现一棵在你曾祖父母出生之前就已经高大茁壮的树。此时，奇迹代表的是一种肃然起敬的感觉，一种宇宙浩瀚无垠的感觉，一种超越人类视角看地球的感觉。这是一种驾驭复杂性的天赋，因为它不仅释放了我们需要的荷尔蒙，而且还为我们开启了一系列全新的可能性。只有这样，大脑才会涌现新的解决方案。我们敢打赌，你一定有过这样的经历：棘手的工作或家庭问题困扰着你，你四处徘徊，却一筹莫展。然后你凝视大海，或者注意到第一朵在冬末盛开的小花，突然间，你意识到所面临的挑战并不是地球运转的核心。当面对挑战不再纠结时，你的脑海中开始浮现新的解决方案。

问题在于，我们在日常生活中很少发现这种奇迹。只有在合适的时间、地点，我们才有机会去仰望、去环顾，从而发现奇迹。但我们想说，我们可以创造这样的机会。

在谈到启动天赋的实践之前，我们再环顾一下四周，思考一下"好奇"这个动词的含义。好奇是一剂强大的解毒剂，祛除确定性所带来的危害。确定性就像复杂世界里的毒药，因为它会麻痹你的感官，让你对新的证据视而不见，让你对他人的观点充耳不闻，让你的视野狭隘、数据片面。好奇心是这种毒性的解药，它可以打开封闭的思想，恢复我们感受未知的能力，让我们与他人一起思考和感知。

问题是，我们时常不愿意让自己感到好奇。从小时候起，我们就领悟到，答案比问题更有价值。三岁的时候，我们的问题令人崩溃（"爸爸，为什么天空是蓝色的？"）。我们从此开始尽量少提问题，多说答案。从复杂性的角度来看，这样的教育是最没有帮助的。

这种情况随着我们职位的提升而越发常见。在大多数组织中，我们获得晋升是因为我们给出了答案，解决了问题，而不是因为我们提出了问题。卡罗琳第一任老板的口头禅是："不要带着问题来找我，带着解决方案来。"提出没有答案的问题被视为一种弱点，可能会给你带来麻烦。而我们也很聪明，经常会像卡罗琳一样，培养强烈的行为冲动，直接跳过好奇的阶段，找到解决方案，从而克服这个"弱点"。她的经历似乎十分普遍，已经成了常规而不是例外。我们曾与数十位高管讨论了这种现象。我们在一次工作坊中，教授提出不同问题的力量。

其中一位最资深的高管劳尔（Raul），在中场休息的时候向我们走来，将我们拉到一边，带我们穿过走廊进入另一个房间，然后关上了门。他显然很激动。

"我不确定你们是否意识到自己在说什么？"他喃喃低语，"你们在建议我们在自己不知道答案的情况下提出问题！想象一下，这会给我们个人和整个领导团队的声誉造成多么大的风险！我们如何与员工和客户建立信任呢？"我们从劳尔的眼睛里看出他对落实这个提议感到恐慌。而这就是我们成年人的认知。我们认为好奇心是危险的，就像它会害死猫一样，会危害领导者的声誉。

这种危险的感觉来自我们神经系统中专门负责保护我们安全的部分。这个部分认为，好奇心，也就是一般意义上的学习，是对现状的一种威胁。这并没有错。我们在迸发好奇心的时候，很有可能会有所发现，从而颠覆我们固有的思维方式或行为方式。如果是驾驭复杂性的神经系统在运行，我们会认为，这些发现令人愉悦，有助于创新、创作。如果是处理危机的神经系统在运行，我们会认为这些发现是危险的。

但请记住，我们并非只能被动地接受任何一种神经系统的主宰。我们可以选择你所专注的事物，从而有意识地塑造我们的生物机制。我们在感到封闭或有危险时，可以从好奇开始。既然好奇这个词有奇迹和好奇两种含义，那么我们就都来体验一下。

启动天赋的实践：在漫步中寻找奇迹

虽然我们通常只在一些特定的经历中才会目睹奇迹或感到惊叹，但是我们可以主动探索。我们最喜欢的方式之一是在漫步中寻找奇迹。也就是说，在条件允许的情况下，你走出门，环顾四周，有意识地感受奇迹。或许，居住在城市里的你会发现，人行道的缝隙间生长着青翠欲滴的苔藓。或许，居住在郊区的你会注意到，邻居家草坪上的一棵树下，隐藏着一簇簇白色小花。或许，居住在乡下的你已经忘却傍晚的一抹斜阳洒在田野上的奇观。事实上，奇迹就在我们身边，我们只要用心去寻找，就一定能感受到。

几个世纪以来，人类一直致力于创造奇迹。我们建造了高耸入云的大楼，谱写了脍炙人口的乐曲，从平衡木上跃起，用两个完整的转体动作完成了空翻，完美落地。这些的确令人震惊。但是，也许所有这些盛况让我们忘记了世界每时每刻都在创造奇迹。我们在去医院看望亲人时，看到给他的肺输送氧气的呼吸机，是一种奇迹。父亲带着蹒跚学步的女儿在公园里荡秋千，她望着父亲的眼神，是一种奇迹。在青草地上有一株拔地而起的紫罗兰，它所盛放的紫色，是一种奇迹。雨天街道上的油污显现出的彩虹般的颜色，是一种奇迹。在 Zoom 视频会议中，像素将同事的憨笑呈现在我们面前，是一种奇迹。

奇迹无处不在，无论是令我们感到喜悦的，还是让我们感到痛苦的。而且，我们的内心也充满了奇迹。我们不仅要在漫步中寻找奇迹，更要走进我们心灵的奇迹。

启动天赋的实践：是什么困住了我

我们认为，对于这个部分的练习而言，最能激发好奇心的问题之一，其实是觉察的另一种表现形式（当然，是对内心世界的好奇）。当发现自己焦虑不安，陷入被动反应中，我们可以暂时置身事外，问自己：是什么困住了我？

注意这里的重点。我们不是在问：哪些外因导致了我的现状，这是一个很好的问题，但它容易让我们过度关注并归咎于外在条件，这样做会加剧我们的焦虑和压力，让我们更不适应世界的复杂性。通过对自己的心理过程产生好奇，我们可以重新和自己的内心世界、周遭所发生的一切建立联结。当复杂性肆虐蔓延时，我们能够抓住自己唯一能掌控的，即我们自己。

贾斯敏（Jasmyne）需要解决一个有关法律先例的棘手问题。她在全身心投入、胜利在望的时候，收到了一封电子邮件。她的老板想让她放下这个问题，转而处理一个新的紧急问题。这个要求气得她脸发烫，越想越恼火。

老板怎么能把她当成上了发条的机器人，一句话就改变她的前进方向？为了解决这个问题，她已经投入了两周的时间，才整理好全球范围内的所有先例，才可以建立坚实的论点。再过两小时，她就能完成书面文件的撰写，然后发给需要这份文件的同事。老板现在叫停，是既不礼貌也不专业的。

她停下来，注意到自己胸口发紧，意识到自己在当下的感觉是愤怒的（因为她一直在练习）。她在愤怒中深吸了一口气，觉察到自己的行为冲动：要么无视老板的要求，继续完成手头的工作；要么给朋友发条短信，抱怨老板开了个恼人的先例。贾斯敏没有跟随内心的冲动。她通过呼吸来放松自己发紧的胸口，找到双脚接触地面的感觉来恢复一些稳定性。然后，她有意识地将注意力转移到好奇心上。

她十分好奇到底是什么困住了自己？她试着解开愤怒的郁结，发现自己要完成一件事，才能开始下一件事，她几乎可以听到母亲的声音，痛斥她在完成任务之前放弃。她还发现自己厌恶被人命令，自己一直以来都有些叛逆，从记事起就是如此。她最后发现自己希望通过出色的工作表现，赢得他人的好感与赞赏，而等待她完成任务的同事可能会对她感到失望。现在，她列出了多个层面的自己，不再被应激神经系统挟持，心平气和地再次面对老板的电子邮件。她不像一开始那样一触即发，更仔细地阅读电子邮件的细节和语气。老板让她处理的的确是一场严重的危机。他把邮件抄送给了所有参与她手头项目的同事，通知他们她会从这个项目上调离一段时间。现在她意识到，老板其实想得很周到，考虑到了她还有正在完成的工作。突然间，这封邮件不再像一道让她威信扫地的命令，而更像一个紧急关头的求助。她安抚了一下仍然感到沮丧的自己，放下没有完成的任务，然后饶有兴趣地接受了新任务。[8]

在复杂而又快速变化的时代，我们难以招架的是失控感。我们的本能反应是紧紧跟随自己的行为冲动，回避那些激活交感神经系统的不安情绪。但作为人类，我们的核心天赋之一，不仅可以改变我们的外在世界，而且可以有意识地改变我们的内在世界。本章一开始就提到，我们的情绪是被建构的。这意味着我们有能力重塑情绪，创造一个新的环境、一种新做法，或一场新的对话，而不是惯性地、简单地认为情绪的起伏在我们的掌控之外。试着改变你的环境，为你的生活增添一抹欢笑、一丝奇迹。你会发现自己不仅能够更好地驾驭复杂性，而且能够为你和你身边的人构建一个更美好的生活。

第六章　联结比能力更重要：爱是一种天赋

"那你打算如何处理西蒙的问题?"艾莉森问道，她的手套上裹着一层泥巴。他们今天约好在家里的后院畅谈。

马克拽着一根顽固的杂草，杂草从中间断开，他低声说了句粗话："我不知道。我真的很为难。我知道自己搞砸了，因为对两个人做出了相互矛盾的承诺：承诺老板裁掉10％的员工（包括西蒙），承诺西蒙不会立即解雇他。我想知道自己为什么会陷入这样的困境，无论如何选择都会惹怒一方。"

艾莉森递给马克一把更好用的铲子来帮他除草。"据我观察，你和孩子们也是这样相处的，"她提醒他，"我看你一会儿觉得这个孩子说得对，合情合理，过一会儿又觉得另一个孩子说得也有道理。你总是不记得我们不能同时满足所有人。"

"是的，我希望自己能像你一样，头脑清晰，泾渭分明，在做决定前想清后果。"

艾莉森坐在泥地上，若有所思："我希望自己能像你一样，看到这么多事物的美好之处。我固执己见，为自己认为的最优解据理力争，从而忽视了对方建议里值得借鉴的地方。"

"我想这才是我们如此般配的原因……"马克说，连他自己都从语气里听出了心虚，因为这句话顺口而出，不带他特有的风趣。

"最近不太顺，是吧?"艾莉森说着，把三色堇栽到泥土里。"我们养家糊口很辛苦，原以为搬进了人间天堂，没想到搬家带来的问题层出不穷。我们都忽视了要经营这段关系，接纳彼此的不同。"

"我知道。婚姻的大部分时间里，我都觉得你对工作的热情、认真和投入特别迷人。今年，一切做得都很艰辛，仿佛夺走了我们生活中所有的快乐。"

艾莉森觉察到自己的防御机制启动了，但她也觉得马克的这番话有道理。"没错。我明白你的意思。对于我来说，你的松弛感特别迷人，你能用搞怪的帽子和羽毛围巾把现场变成一场派对。但今年，这些优点反而让我觉得你不负责任，令人崩溃，仿佛我有三个孩子，算上狗，四个。""不过，狗能够被训练。"马克用略带调侃的语气说。

艾莉森勉强地笑了笑，马克意识到，在这个时候开玩笑不合适。他不再试图让她从情绪中走出来，而是尝试一种更严肃的方式，试图通过倾听来真正地了解她。他脱下手套，握住她的手:"艾莉森，最困扰你的是什么?"

艾莉森沉默不语，在心里斟酌着各种选项:"我太累了。还有那么多决定要做，而且每个决定似乎都与其他百万个决定关联在一起。工作中的文化变革曾经进展得非常顺利，然后市场发生了变化，或者世界陷入新的冲突，一系列错综复杂的新问题出现了。更别提孩子们了，你不知道，要同时做好母亲和首席执行官有多难。以前比较容易，家就在公司附近，该工作的时候工作，一切按部就班。我不喜欢条条框框，但有时候觉得那样也挺好的。也许最糟糕的是，有时候我觉得自己特别脆弱，如果再有一件事不如意，我就会崩溃。我对孩子们很严厉，冲你发火，我知道我不是那么好相处。"

马克点点头，试图向她复述自己听到的："你承受着来自各方面的压力，而你不喜欢这种状态下的自己？"

"就是这样。如果连我都不喜欢自己，那么别人又怎么会喜欢我呢？"艾莉森寻思着。

马克感到了熟悉的行为冲动：否认她的观点，让她知道自己并没有那么糟糕，然后事情出现转机。但他吸了一口气，遏制住了这股冲动，感受着洒在背上的阳光，闻着温暖的泥土，再次尝试理解她的出发点："你难以面对力不从心的自己，对吗？"

艾莉森点了点头，又拿起铲子。"是很难。但我大多数时候都对自己有信心。就像我一直对我们有信心一样。"她对他笑了笑。"马克，你刚才的倾听很到位，那么努力一定让你出了不少汗！你没有提任何建议，连一个笑话都没讲！"

马克笑着给她看了看自己攥成拳头的双手："你不知道我有多么想提建议，讲笑话。我用指甲扎进手掌，提醒自己只听不说。我还在学习！"

"是啊。我想我们都在学习。这对我们求同存异的确有帮助。"

"完全正确。尽管很难，但这些差异也是一切美好的源泉，对吧？我是说，如果我们的婚姻中是两个我，会把事情搞得一团糟！如果是两个你，嗯，会非常非常有效率。"

现在，艾莉森发自内心地笑了。"对，我想这就是原因，仅仅因为西蒙失去了创造力就立刻解雇他，是个愚蠢的决定。他不仅制造代码，而且丰富和深化了你的团队的工作。"

"就是这个道理。我想知道如何在家庭和工作中提升归属感，不再将生活当作一场大型游戏，努力升级，得到更大的房子，更有才华的孩子，或有最优秀的程序员。我知道有时候自己对他人的关心是问题的一部分。但是我们对彼此的关心也是答案的一部分，不是吗？"

相互联结最为重要

这是复杂性领域里最令人惊讶的概念之一。在一个复杂的系统中，最重要的是个体之间联结的数量和性质，而不是任何特定个体卓越的能力。仔细想一想。我们(尤其是西方人)，特别关注特定个体的技能和特征。想让这个项目大放异彩吗？找个出色的项目经理(来达成目的)。想解决棘手的问题吗？雇佣最聪明的人(来解决)。

但对复杂系统的研究告诉我们，这并不是一条通往繁荣发展的路。想象一下，要建构健康的森林生态系统，只要某一种最美丽的树，这个想法多么荒谬！当然，一棵美丽的树的确赏心悦目，但正是所有生物的整合才创造了一个繁茂的生态系统。如果你把一棵美丽的橄榄树、一株壮观的兰花和你最喜欢的鸣禽放在一起，你并不会得到一个蓬勃发展的生态系统。蓬勃发展的关键在于所有这些个体之间相互作用，彼此成就。

在过去 10 余年中，在这个研究方向上最非凡的发现之一，是苏珊娜·西马德（Suzanne Simard）博士创造的"树联网"（wood wide web）。这是一种在地下连接树根的真菌菌丝网络。事实证明，这些菌丝网络允许树木发送信息（"这里有昆虫入侵，保护好你自己！"），甚至允许共享资源（树木将自己的养分输送到土壤中，以滋养附近挣扎的树木）。[1]科学家们发现，在森林里，如同在办公室，树木的多样性和树联网的质量，为它们茁壮地成长创造了条件。[2]

因此，如果森林和办公楼里繁荣发展的系统真的离不开强大而广泛的联结，那么你将看到，在这些联结变得脆弱和消磨殆尽时，系统就会崩溃。美国新冠病毒感染疫情下的隔离就凸显了这一点。其间，尽管每个人都全力以赴，至少像以往一样出色地完成工作，但是团队和组织依然出现了问题，因为隔离期间，人与人之间的关系变得脆弱。为了能在复杂的世界里蓬勃发展，我们需要一个完整互联的生态系统（既有深入而持久的联结，又有微弱而广泛的联结）。这意味着，在不确定的世界里创造或支持人类的生态系统，建立多元联结对于我们任何一个人来说都至关重要。

要创建一个蓬勃发展的系统，就需有很多种建立联结的方式。[3]我们开门见山地说，从核心问题开始，细致地讨论一个在工作中很少被提及的词：爱。我们想专注"爱"这个字，因为它最有意义，它是我们短暂而艰辛的生命既珍贵又美好的原因。

我们说的不是电影中描绘的那种不太常见，甚至罕见的爱。一般来说，我们想到"爱"时，通常会想到男女之爱，有时会想到家人之爱。希腊语中有七个表达爱的单词，而英语中却只有一个。在这里，我们所说的爱是指将人视为一个完整的人的深切关心，这份深切的关心与他们最优秀的品质或他们对我们的价值无关。这意味着，这份对人的关心是超越世俗、跨越生命的。这意味着，帮助这个人成为谁，而不仅仅局限于他今天是谁。这意味着，愿意牺牲个人利益来更好地帮助他人。最终，我们沐浴在爱中，双向联结。我们会替他人寻求福祉，也会倾诉我们的伤痛、我们的恐惧，以及我们最深切的愿望，与此同时，我们希望得到他人的支持。

你可以看到，这些属性不仅仅适用于我们的爱人或孩子。我们还可以爱邻桌的同事，只要我们将她视为一个完整的人、一个完整的生命体来关心，而不仅仅是一个出现在办公室的同事。我们可以为她营造发展的空间。当我们了解她的需求，并像对自己的需求一样重视时，我们就在爱她。我们也得到她的关心，从她身上汲取力量，与她分享我们的快乐、我们的苦痛、我们的脆弱。

对于减少团队冲突来说，这不是一个令人满意的答案。即使你善于表达爱，也会因为我们与生俱来的差异而发生冲突。

这也不是一个营造员工即家人的氛围，进而从员工身上榨取更多商业价值的途径。这是一个满足人类基本需求的答案，这个基本需求就是与人的联结。

孤独不仅是一种当下的流行病，也会给身体带来严重的危害。你可以想象，孤独让你的神经系统时刻保持高度戒备的状态。孤独容易引发炎症，并与抑郁、疾病甚至死亡有关。与此相反，爱让我们的生活更美好。阅读有关长寿、团队协作或癌症的研究报告，你会发现，爱对我们的发展和成功都至关重要。阅读古代哲学或智慧箴言，你会发现，爱是我们的精神支柱。

上述阐释固然重要，但用爱的天赋来提升我们驾驭复杂性的能力，还有另外一个原因。爱，如同其他天赋，是一种奇特的混合体。我们的进化很明显就是为了爱（我们大部分生理机能不仅是为了繁殖，也是为了建立联结，从而满足我们对幸福和健康的追求）。同时，我们常常误以为，爱不能强求，不受主观意识控制。人们认为，爱就像大笑、活动、呼吸一样，是自然发生或尚未发生的。这的确是我们的感受，但这种感受可以改变。改变的至关重要的一步就是为爱创造条件。

领导力即爱

但是，将爱和领导力相提并论可能会让人有些不安。就像笑一样，爱一旦被用错了地方，就会带来危险，所以我们在工作中可能会尽量远离它（或者假装远离它）。几年前，盖洛普敬业度调查（Gallup Engagement Survey）开始在我们所在的地区（当时在新西兰）被广泛应用时，新西兰人对测评里的一句话反应强烈："我在工作中有一个好朋友。"这并不是说新西兰人在工作中没有好朋友，而是他们认为老板对这件事的关注是不健康的，因为工作和个人生活不应该混为一谈。[4] 但在那之后的几年里，特别是在新冠病毒感染迫使我们中的许多人不得不居家办公之后，我们发现在工作和家庭生活之间并没有不可逾越的界限。我们的生活是我们的，我们的健康是我们的，我们的情绪也是我们的。无论我们在哪里，我们的人性都与我们同在。

我们抛不开人性，但是，我们可以更好地利用它。爱是一种运气，也是一种选择。正因如此，盖洛普在他们的敬业度调查中设计了一个关于友谊的问题。这里的重点不在于是否结交了朋友，而在于最优秀的领导者应该为建立友谊创造条件。他们不是等待人们与彼此建立联结，而是为其创造机会。掌握建立联结的方法对个人健康和组织的经济利益都有帮助。我们希望指出我们在过去的研究和几十年的生活中所学到的，即我们与他人的联结并不只是美好生活的副产品，而是美好生活的实质。让我们着手为爱创造条件吧。

爱彼此的差异是一种天赋

再来看一下森林。生态系统保持健康有两个关键因素：联结的数量和种类，以及个体的数量和种类。正是因为有了多样化的联结，森林才能实现在复杂环境里真正的繁荣发展。无论是在农田里还是在办公楼，单一化都是高效的。它们干净，整齐。每一棵转基因小麦都需要同样的农药、肥料，并以同样的速度成熟。在我们的工作场所，同质化程度越高，相同的假设、背景和动机就越多。

在农田里，单一化种植的问题在于它们过于脆弱，不能应对变化和不确定性。如果天气模式发生变化，或者出现一种新的昆虫，你可能会颗粒无收。这样的田野不是自然形成的，而是需要我们付出大量的努力，才能建立的一种人为干涉、支撑的繁荣系统。

在办公室里，单一文化也存在着同样的问题，那就是不能应对变化和不确定性。[5]如果你只想以一成不变的方式做你一直在做的事情，多样化可能不适合你。但是，如果你需要关注潜在的威胁，提出真正创新的建议，开拓新的业务领域，那么团队经验和观点的多样化则对你更有利。

然而这样做会面临三个挑战。首先，我们的身体其实会将多样化识别为一种威胁。当我们遇到意外或反常的事情时，我们的交感神经系统就会被激活。这让我们在面对形形色色，与我们不同的人群时，难以保持开放的心态。其次，我们的幸福感，与群体对我们的接纳程度息息相关。我们的身体已经进化到可以在我们合群时奖励我们，在我们不合群时惩罚我们的程度。这让我们在感到自己与众不同的时候，更难特立独行。最后，认同同类，漠视异己不仅体现在我们身上，而且植根于各种社会习俗、法律等体系中，这鼓励我们接近一群人，远离另一群人。我们的学校、生活社区、工作场所都将我们分化。现代人类的默认设置，就像单一化种植的玉米或小麦一样，已经同质化。这是现代社会的一个根本问题。

本书不是为了指出我们自身和社会的问题（尽管那些书也有帮助）。事实上，我们还有一种天赋。接纳彼此的不同和惧怕彼此的差异，都是人类发展的基石。自有记录以来，人类最伟大的爱情故事是渴望收获跨越差异的爱。作为人类，我们最伟大的成就是超越差异，和而不同，因而我们变得愈加强大，正如我们的朋友基思·约翰斯顿所说，打造"了不起的我们"。但要做到这一点，离不开实践。以下是我们最喜欢的练习之一。

启动天赋的实践：为了看见而倾听

我们跨越差异去爱的最佳方式，是通过这些差异来深入地了解彼此，并让对方感受到这份理解。也许有很多方法可以达到这个效果，但我们发现，在任何情况下都行之有效的方法是练习倾听。

在珍妮弗先前出版的书中，她谈到倾听的各种意图。我们倾听是为了要赢，为了纠错或解决问题，还是为了学习他人看问题的角度？你可以想象，在我们面对这个复杂的世界时，第三种方法，也就是为了学习而倾听，是最有益的，因为它能进一步激发而不是满足我们的好奇心。

我们要感谢维尼斯·琼斯和阿卡莎（Akasha）关于倾听的另

一个发现。他们为唤醒我们驾驭复杂性的神经系统和接纳彼此的差异提供了一个良方。他们称这个良方为"为了看见而倾听"，从根本出发理解他人的独特视角。他们指出，如果是"为了学习而倾听"，你仍然是试图为自己获取信息，包括新知识和新观点，而"为了看见而倾听"是你赠予他人的礼物，正如笑声也可以是一份礼物。"为了看见而倾听"可以改变倾听者和倾诉者的神经系统。你还会发现，解锁这项能力还需要驾驭复杂性的其他天赋，那就是觉察、呼吸、好奇。

维尼斯和阿卡莎将这种倾听方式划分为三个步骤。[6]

一是询问。这里，我们想知道的不是问题本身，而是为什么这个问题对他如此重要。你可以这样提问：

①这个问题对于你来说最重要的部分是什么？

②对于你来说最难的是什么？

③你觉得最大的风险是什么？

④最令你感到兴奋的是什么？

你可能要询问多次才能深入问题的本质。在任何情况下，我们提问不是为了分析问题本身，而是为了理解这个问题和对方的关系。（顺便指出，尽管我们一直在强调，这是我们给予对方的礼物，但理解对方与问题的关系，尤其是当你们陷入冲突时，往往会给双方带来新的转机。）

二是复述。在询问（可能是多次）之后，向对方复述你所听到的内容，这样他们就会知道你在努力地理解他们。（这一步很重要，因为我们并不习惯他人通过倾听来理解我们，而是认为他人的倾听，不是为了解决问题，而是为了赢。）这意味着，你要向他们陈述你对他们的理解。有时人们称为"积极倾听"，也可以称为复述。这一步旨在说出你在心中记下的要点。通过这种方式，你可以验证自己的理解与对方的真实想法是否相符。

三是欣赏（即使你持有反对意见）。最后一步是欣赏对方的经历及观点。这样做旨在让对方知道，你理解什么对于他来说是重要的，而且他的顾虑合情合理。我们通常会在这一步上有所保留，因为我们会将表达欣赏与表示赞同混为一谈。我们担心一旦指出并欣赏他人的观点，就难以在争论中占据上风。

事实证明，在有分歧的情况下表示欣赏是反直觉的，却为深入沟通开辟了道路。这样做可以帮助双方共同审视问题，发现多元视角，意识到解决问题的多种合理方案。结果可能是双方推陈出新，兼容并蓄，而不是陷入对立的局面。驾驭复杂性的天赋说明，任何复杂的问题都有多个不同的解读。

"为了看见而倾听"有助于我们利用彼此的差异来激发好奇心。如果我们带着强烈的好奇心对待彼此的不同之处（包括种族、文化、性别和观点），去尝试理解而不是去改变对方，那么我们就会发现自己的胸怀变得更宽广，更能包容新的可能性了。我们深入了解一个人，而不是试图修正或改变他，这不仅开阔我们的眼界，而且让我们感受到爱的温暖。

启动天赋的实践：复杂性签到

你可能记得，第二章曾提到，对于个人来说，审视当下多么重要。对于一个团队来说，关注世界正在发生的变化，审视当下同样重要，甚至更重要。毕竟，团队的优势在于观点和经验的多样性。透过多元视角审视当下，你可以拥有更广博的视角，如同登高望远，一目了然。但是，如果我们不能欣然接受彼此的差异，就无法接触到多元视角，相反，我们会竭力消除差异，或陷入输赢之争中，从而与更广博的视角失之交臂。因此，我们在审视系统时，应该采取一种能激发爱这种天赋的方式。以下就是我们的客户最喜欢的方法：复杂性签到。

团队开会时，通常会有签到流程。根据我们的经验，这个流程很少能真正发挥作用，也就是集中大家的注意力，汇集和共享彼此的信息。我们在这里提供一个通用的流程。你可以根据自己的目标和实际情况，快速地（短短几分钟内）或从容地（几小时内）完成这一流程。

集中大家的注意力。 你可以快速地说明会议的目的（"欢迎大家！在这次员工周会上，我们希望了解中西部市场的情况，并就团队的新提案做出决定。"）。或者，在条件允许的情况下，你可以启动另一项驾驭复杂性的天赋，让人们调整自己的状态，一起练习深呼吸。（我们理解，这听起来有点奇怪，但绝对值得一试。[7]）

提出一个问题，并给大家时间记录自己的想法。 你可以提出任何一个有助于启动会议的问题，可以是简短、与工作无关的（用最多七个词来描述你进入会议室时的想法或感受），可以是与公司战略有关的（这个月，你从客户那里听到的最惊讶的事情是什么？），也可以是深入的，帮助彼此建立联结的（我们在需要他人帮助的时候，为什么会难以启齿？）。给大家一分钟时间，让他们写出自己的答案（这样做是为了避免群体思维产生影响，让个体在想出答案前免受集体答案的干扰）。

倾听所有的答案，不要打断或评判。

纵观全局，总结一下，你发现了哪些模式？提出一个问题，帮助大家看到彼此之间的联结：我们有哪些共同点？提出一个问题，帮助大家发现并欣然接受彼此之间的差异：我们有哪些地方不同寻常？（关键是带着感恩之心去看待所有常规之外的观点。）最后，再提出一个问题，帮助大家发现他们自己忽视的多样性：我们觉察到有任何遗漏或欠缺的地方吗？（帮助大家发现尚未被提及的情况，而这些情况可能才是最重要的。）

使用复杂性签到这个流程，或许与我们所理解的爱大相径庭。与其他启动天赋的实践一样，我们在一开始尝试的时候，会觉得有些笨拙和不自在。但随着时间的推移，这个练习可以帮助我们倾听每一个人，尊重彼此的差异，也可以帮助团队集思广益。我们以此为基础，继续为启动天赋创造条件，从而收获跨越差异的爱。

"不敢相信你们真的来了！"皮特说，他张开双臂拥抱马克，又拥抱艾莉森，再拥抱马克。"见到你们，我太激动了！"

"我们绝不会错过这个时刻！"艾莉森说："能有多少机会见证两代人的梦想成真？"

"请坐，请坐！"皮特对他们说："你们继续聊，我去拿咖啡和红薯派，刚刚提到两代人，红薯派用的也是我奶奶的秘方。"

艾莉森和马克坐在舒适的椅子上，和父亲的工作室咖啡馆（Dad's Workshop Cafe）里的所有物品一样，这些椅子也是待售的。店里的常客和那些通常在家得宝购物的人都在逛新开的咖啡店，以及看皮特和泰伦斯为开业当天挑选的新商品。

苏普里亚把咖啡和一份甜薯条放在桌子上，说："皮特正在和一位顾客沟通，他让我给你们送过来。"

"你就是大名鼎鼎的苏普里亚！"艾莉森笑容满面地说："很高兴，终于见到你了！可以拥抱一下吗？"苏普里亚伸出双臂回应，先拥抱了艾莉森，又拥抱了马克。

"很抱歉，没能好好介绍，"皮特说着，又放下了两杯冒着热气的咖啡和一份甜薯条，"真没想到，大家这么喜欢这个地方，更开心的是，又和你们见面了。你们觉得父亲的工作室（Dad's Workshop）怎么样？"

"非常喜欢！而且薯条好吃极了！"马克咕哝着，嘴里塞得满满的。

"是啊，"皮特一边说一边环顾四周，"在我认定值得一试之后，竟然都如愿以偿了，简直不可思议。我和泰伦斯深入研究了父亲的梦想，发现他已经为此付出了很多。这家店对于他来说非常重要，因为它融合了他所关心的方方面面：让人们的生活更美好，让社区更有凝聚力，为那些深陷困境的人提供就业机会。所以，想到这些，就不难与'新国家新工作组织'联系起来了。这个组织是由一名叙利亚难民创立的，旨在帮助其他难民找到工作。我们晚上在这里上语言课，有几位来自不同国家的难民帮忙做饭，学习我奶奶的独家配方。""鹰嘴豆泥也超棒。"苏普里亚补充说。

"的确如此，这是一份兼收并蓄的菜单，也是父亲想要的。这些年来，社区一直在发生变化，我们想为所有住在这里的人服务。事实上，父亲有一个比经营一家小型连锁五金店更远大的梦想。他深谙家庭的意义，以及为所有家庭营造社区的意义。他知道无法凭一己之力让牙买加平原区成为一个充满活力、文化多元的大熔炉，让各种肤色、不同背景和政治偏好的人都能求同存异，但他可以尽自己的一份儿力量来推动这件事。这家小咖啡馆虽然只有十张桌子和一台高档意大利浓缩咖啡机，但却朝着这个方向迈进了一小步。"苏普里亚说："我想，在某种程度上，我们都在为创建和谐共处的社区贡献力量。"

"我也发现的确如此，"马克表示认同，"天哪，我是在这个月的工作中才意识到的。我不知道皮特有没有告诉你这背后的故事。为了增强团队的凝聚力，我最近进行了一系列棘手的谈判。为了保住所有的工作岗位，我决定将每位员工的工资削减10%。这样做的阻力很大，我必须让团队里的每位成员，以及我的上司、人力资源部门和财务部门都同意。我们一旦都认定这样做是正确的，就不难采取下一步行动了。这一举措为我在世界各个角落的团队都注入了前所未有的活力。所以，的确如此，对于我来说，认识到自己在很大程度上是在创建一个强大而正常运转的社区，一切都变得迥然不同。”

柜台后面，咖啡师与一名新厨师撞在一起，打碎了杯盘，拿铁和蛋黄溅得满地都是，整个咖啡店一时鸦雀无声。接着，一些顾客开始鼓掌。很快，所有人都笑了起来，与此同时，服务人员开始清理地面，重新做咖啡和三明治。当然，他们这次更加小心地配合着彼此。

“我们都在摸索中学习，”皮特微笑着说，他也在鼓掌，“我们还需要一些时间才能更和谐地相处，知道如何求同存异。在找到可行的相处模式之前，我们可能会与彼此碰撞，打破杯盘。这意味着在为他们提供就业机会的同时，也在为他们的成长提供支持。但每个人对实施这个项目都兴致勃勃，所以他们愿意全身心地投入。”皮特向其他三个人举起了杯子：“向在迷茫中迸发的梦想致敬！”

马克握了握艾莉森的手：“向漫漫人生中涌现的梦想致敬！”

苏普里亚加入了他们：“以我们自己的方式，为以人为本的世界创造条件，干杯！”

不要试图成为超人，而要成为超级完整的人

我们认为，要建立联结和拥抱爱，最重要的前提条件是接纳我们是人，是完整的人，是有弱点、不完美和伟大的人。我

们如果追求所谓的完美，就为孤立、竞争和伪装创造了条件。从根本上说，人类并不完美，所以追求完美必然会阻碍我们建立联结并获得爱。正如本书所强调的，我们首先要和自身建立联结。我们不能只将驾驭复杂性的天赋应用在他人身上，而必须自己由内而外地启动这份天赋。我们在接纳了自己的人性时，就为圆满、协作、创造力、联结和爱创造了条件。这是一种更真诚的姿态，而我们在这个真诚的空间里，找到彼此，找到自己。

我们身为教练和教练的导师，在工作中最惊人的发现是，人们在开始释怀他们内心的完美主义时，迎来了无限可能。我们通常意识不到自己在追求完美，因为每个人对追求完美的解读都不尽相同。有些人的完美主义比较典型：希望自己的工作、答案或幻灯片都完美无瑕。而有些人的完美主义则比较隐蔽：希望提升每一次沟通的质量，记住每一个生日，或者时刻善待所有人。这种追求完美的冲动（无论以哪一种形式体现在你身上）可能是在我们年幼的时候，由学校和家庭灌输给我们的。它在一定程度上是有帮助的。这种对完美的追求通常会引领我们走向卓越，但也会让我们与彼此疏离。在创建或引领组织（或家庭）文化时，追求完美无异于否认人性。

爱人之本性是一种天赋

人性是参差不齐的。这既是我们的缺陷，也是我们的天赋。正是因为我们有这些特质、差异、残缺，才会持有不同的观点。正是这些不同的观点让我们相互吸引，保持兴趣，并让我们为目前威胁人类的所有重大问题共同寻求全新的解决方案。如果人类的世界里没有这些特质，没有不完美，我们还会有创造力吗？还会有创新吗？还会有爱吗？

是的，完美主义者们，我们知道你在想些什么。你想说，你追求的不是完美，而是高质量或卓越，或督促自己做到最好。你可能根本不承认自己是完美主义者，而认为自己是不断进步的人。我们懂，我们曾经也这么想（甚至依然如此）。事实上，我们两个人一直在研究、练习、教授和撰写关于成年人发展的文章。在整个职业生涯中，我们一直在鼓励成年人的改变与成长。或许这些经历让我们有资格这样说：我们需要实现一种平衡。我们知道，追求卓越、成长、发展是重要的，而且可以推动我们在这个世界上有所作为。这可能并不令你感到惊讶。你认同这一点，否则你根本不会阅读本书。

但是，你可能不知道，平衡的另一端，同样对我们大有帮助。也就是说，你已经足够好了，你的不完美造就了你的完整、美丽与和谐。我们发现，在人们开始接受他们全部的人性，而不是抱怨、修正或改变人性时，他们的生活就发生了变化。

这一悖论是人类成长和发展的根本矛盾之一。我想超越今天的自己。我已经足够好了。我们在认为这两种想法都有道理，并试图在它们之间取得某种平衡时，就为自己和自己身边的人带来了新的可能性。因此，我们努力接纳自己的人性和彼此的人性。我们都做超级完整的人，启动爱的天赋。

彰显我们自己的人性

我们做一个思想实验：想象一下，你进入一个视频会议，由于一些技术故障，其他人并没有发现你已经加入。他们正在谈论你。

现在，想象一下他们的那些让你欣喜若狂的评价。你听得面红耳赤，得意扬扬。你能不能说出三个他们会用来形容你的词？他们说你有才华，善良，有创造力，有趣，有责任心等。你把想到的词都记录下来。这样做可能会让你感到尴尬，但这是这个实验很重要的一部分。

现在，同样的场景，发生不同的结果。想象一下他们那些让你无地自容的评价。他们会用到哪些词？他们会说你自私，浅薄，虚伪，专权等。你把这些词也记录下来。

现在你有两份清单。我们敢说，这两份清单塑造了今天的你，是你立足的平台。然而，随着时间的推移，这个平台成了限制你发展的牢笼。而且，也许更重要的是，这个牢笼阻碍你获得真正的联结与爱。

这里解释一下。假设对你正面的评价是：有好奇心，善于倾听，无私。负面的评价是：自我，有心计，傲慢。[8]现在，你可能没有注意到这一点，但你一直在努力向自己和他人证明自己是正面评价里的人。你始终在试图证明自己绝对不是负面评价里的人。

这样做让你受益匪浅。你现在更接近自己的理想状态了。在需要倾听和坚持自我之间做出选择时，你会选择倾听。在需要说出见解和提出问题之间做出选择时，你会选择提问。这样选择就见效了。人们可能的确在用这些词来形容你。

然而，这也成了一种障碍。你对"无私"的向往和对"自我"的厌恶意味着你不会满足自己的愿望。你对"好奇"的向往和对"傲慢"的厌恶意味着你可能不会相信自己的影响力或阅历。

这一点逐渐影响着你的未来，限制你能实现什么。这些界限可能是有帮助的，因为它们成全了你理想中的自己。但是，就像所有的界限一样，它们也限制了你。通常，我们厌恶什么，就会像躲避怪兽一样，不惜一切代价地回避它，远远超过了必要的程度。

当然，这种界限不仅作用于我们自身，还从两方面限制了我们与他人建立联结的能力。首先，我们对某种品质的渴望和恐惧往往会让我们专注于他人身上的这些品质。对坚果过敏的人对任何可能含有核桃的东西都保持（合理的）警惕。对"浅薄"敏感的人可能对那些有趣的、放松的或甘于平凡的人保持（不那么合理的）警惕。这意味着我们越来越容易被那些与我们相似的人吸引，而这会妨碍我们与那些观点不同、天赋不同的人建立联结。任何这样的限制在面对复杂性的时候都是没有帮助的。

其次，随着时间的推移，这些令我们感到渴望和恐惧的形容词会让我们陷入自相矛盾中。我们厌恶自己身上那些懒散的部分(他人可能会称之为"放松",甚至"有趣"),我们对这个部分展开自我评判。这让我们愈加以自我为中心。我们忙着与自己斗争,无暇敞开心扉,无暇为爱创造条件。因此,我们在试图扼杀这种"自我导向"的感觉时,会变得太过于自我,以至于无法与他人建立联结。

启动天赋的实践:接纳自己的不完美

接下来,你先做一个单人练习。你在发现自己渴望某些品质时,暂且退一步,思考一下你有哪些选择。你与其在毫无觉察的情况下,追随这些品质所激发的行为冲动,不如先深呼吸。你所向往的是"聪明"还是"勤奋"?下一次,你不要盲目地说出你所有的答案,暂且停一下。"责任感"在你的清单上吗?如果再遇到你不想做也没有时间做的任务,你不要自告奋勇,不妨先等一等。你看看给自己按下暂停键,会发生什么。你可以将一种品质作为你的主要性格特征,但不要不假思索地任其驱使。

同理(但方向相反),你在发现自己刻意远离自己厌恶的品质时,试试能否向这些品质靠近半步。你害怕不被人喜欢?这种恐惧当然可以理解。你能否在觉察到这种恐惧后,依然试着表达不同的观点?即使在这个过程中,有人可能会不那么喜欢你。你害怕出丑?也可以理解。你的聪明才智和专业能力恐怕为你职业的发展奠定了基础。下一次,你抑制自己怕出丑的冲动,向"出丑"迈出一小步,然后说"我不知道",或者说"我可能是错的"，或者说"天哪，我从来没想过这一点"。

你也许已经注意到，这种间接提升自我的方式，能帮助你更好地与他人建立联结。这也会激发你爱的天赋。

启动天赋的实践：分享人性的故事

这个练习你可以和其他人一起尝试，在夜晚手持一杯你最喜欢的饮品，甚至就在团队（Teams）界面上的虚拟桌子周围。

我们深信，分享往事、梦想或业余生活能将我们联结在一起。我们听到过数百个这样的故事，但是我们发现在大多数场合讲述的故事都是为了树立良好的形象。让某人讲述一个艰难的时刻，她会告诉你虽然那个时刻充满挑战，但她却英勇地迎难而上。让某人讲述一段对他有影响的经历，他会告诉你，他的祖父移民初迁此地时目不识丁，却依然成功地创建了一家小型企业。这些故事往往将我们光鲜亮丽的一面展示给人们，并掩饰我们不为人知的一面（想一想之前提到的那些令人渴望和厌恶的形容词，是如何影响你所讲述的故事的）。我们认为这些是"粉饰脆弱"类的故事，而且我们认识的所有领导者都有这样的故事：这些故事真实感人，在恰当的时刻还会催人泪下或惹得哄堂大笑，让我们更加渴望向世界展示自己独特的完美。

但是，"粉饰脆弱"为我们赢得的是钦佩，而不是爱。受人钦佩固然美好，但并非天赋。启动爱的天赋，需要我们拥抱人性。

因此，我们应当讲述另一种类型的故事。我们创造条件，让团队里或坐在桌旁的每个人讲一个故事，其他人认真倾听。你可以这样描述：

现在，我们想听到这样的故事：事情并没有按计划进行，你最终也不是故事里的英雄。我们想要听的是你不经常讲的故事，甚至是你不愿意讲给自己听的故事。你会分享那些让自己或他人感到失望的时刻，那些发现你自己没有想象的那么好的时刻。这并不是因为我们想通过这些故事羞辱或贬低彼此，而是因为这些故事才是我们人类的核心。这个团队的核心是接纳真实的自己，接纳我们全部的人性。

然后给每个人发言的机会，给每个人倾听的机会。看看当你用爱去拥抱人性时，你能够触发多少可能性。

开诚布公地谈论我们的失败或失误，不仅会深深地将我们联结在一起，还为我们再次试错创造了条件。艾米·埃德蒙森（Amy Edmondson）写过大量关于心理安全的文章，基于她对手术室里优秀团队的研究。我们可能会猜测，那些表现好的团队不太谈论失败或错误（毕竟，他们的表现很好，肯定犯的错误少）。然而，恰恰相反，埃德蒙森发现，表现最好、最有创造力的团队比表现差的团队更频繁、更公开地谈论失败。他们犯的错误更少，但他们谈论犯错的次数更多。[9]

你需要的正是这样的沟通，无论错误是出现在工作中、曲棍球队中，还是出现在社区管弦乐队里。你可以用以下两种关键方法来训练你的神经系统。第一种方法是建立联结，我们在安全的场域里谈论自身的不完美，能够更放松地就我们的错误和失败展开真诚的对话。第二种方法是让谈论失败变成一件很平常的事，以至于人们会越来越适应，假以时日，他们的交感神经系统对失败和困难的反应就没有那么强烈了。这样，我们就可以坦然面对人性的核心特征，让彼此之间的联结成为一种力量，帮助我们变得更加强大。

创造条件，让你的世界充满爱

在面对复杂性时，领导者的任务是为缔造美好而创造条件，并相信理想的结果会接踵而至。这显然取决于环境对我们的影响，也就是它激活了我们的反应性神经系统，让驾驭复杂性的神经系统发挥了作用。如果工作场所的员工、家庭成员或志愿者，承受着巨大的压力，他们的交感神经系统始终处于活跃的状态，他们就不太可能适应现代生活的压力，而现代生活的压力是巨大的。为了能够建设共同创造和创新的团队，我们需要团队里的每个人都发挥驾驭复杂性的天赋。

为了做到这一点，我们可以做一些练习，大幅度地提升我们驾驭复杂性的天赋。就像所有复杂事情的发展一样，我们不能决定结果，但我们可以试着创造条件，不断迭代，朝着我们最期待的方向推进。

启动天赋的实践：为爱创造条件——感恩会

我们可以写一本关于如何更好地为爱创造条件的书。（事实上，我们也这样做了，因为本书中的每一项练习都为此提供了支持，因为启动我们驾驭复杂性的天赋会为建立联结孕育更肥沃的土壤。)我们尚未提及的一种神奇的方法，就是感恩。

如果不是已经有那么多关于感恩的书，我们就会在书里加一章。感恩是一种神奇的情绪，既有助于建立联结，又能为神经系统提供支持。它帮助我们与自己、与他人、与人生目标建立联结。它通常被认为是一种个人情绪，是一种在感恩日记里自我安慰的情绪。我们想提供一种高能的、让我们心情愉悦的方法，来激发爱这一驾驭复杂性的天赋。我们的朋友及同事扎弗·阿奇(Zafer Achi)将之称为"感恩会"。

这个练习适用于任何规模的人群、任何形式的会议，但往往人越多，效果越好。从五六个人到几百人，都用过这个方法。快的时候只需要 10 分钟，而且不需要准备，不需要提前通知，就能有效果。

让每个人都站起来，或者，如果是虚拟空间，就创造条件，让人们能够选择一个人，进入分组讨论室。然后发布指令：

我们将提供一个机会，让你对这个房间里的某个人说声谢谢，感谢他们所做的任何一件事，让你的生活变得更好，让你的工作更成功。小到"谢谢你昨天倒茶时也给我倒了一杯，你注意到我也需要，这让我很开心"，大到"谢谢你在我女儿生病时介入并管理那个项目，这让我能全身心地照顾她，不用担心复工后要解决更多的问题"。在接下来的 12 分钟里，你向尽可能多的人说谢谢。现在开始！

然后让人们自由走动，互相交流。场面会很混乱（让人们习惯这种场面是一件好事），会充满能量，还会充满欢声笑语。人们会拥抱，甚至会泪流满面。

你在感恩会结束之后，继续工作。你会发现，办公室依然如故，所有人却面目一新。

我们发现，领导者定期举办感恩会，能立即改变团队的精神面貌。而且随着时间的推移，人们会在接下来的会议上捕捉需要表达感恩的瞬间。这会给团队注入一种感恩文化，不仅对我们的神经系统有帮助，而且对我们的人际关系也大有裨益。

我们理解，人们在家庭或朋友之外很少用到"爱"这个字眼，有些人还会出于种种原因，对这个字感到不适。你有充分的理由抱有戒心，谨慎地对待与你建立联结的人，与他们保持一定的安全距离。然而，就像本书介绍的其他驾驭复杂性的天赋一样，我们稍不注意，神经系统就会在不知不觉中启动。我们会自我保护，而不是建立联结，这将非常遗憾。由爱而生的深深的归属感，能够让我们和他人的神经系统得到放松。而放松他人的神经系统是统领团队、组织或家庭最好的方式，因为这能帮助人们展现他们的天赋。

本书所描述的神经系统仿佛是独立存在的，它们独立循环，独立启动条件反应或驾驭复杂性的模式。实际情况却更为复杂。作为哺乳动物，我们的神经系统会相互作用。我们已经进化到能够从彼此身上接收信号，尤其是威胁性的信号，如愤怒、恐惧、不知所措，并做出与之相应的神经系统方面的反应。但我们也能从彼此身上接收这种天赋。我们彼此之间的联结越紧密，启动天赋的能力就越强。爱是联结我们神经系统的"高速公路"。

驾驭复杂性是一种天赋

如今的生活将我们推向极限的边缘。我们每天都被提醒：自己真的无能为力。我们坐在地下室、汽车或格子间里，试图在一个充斥着混乱和迷失的世界里，保持联结和创造力。但事实更令人沮丧，因为生活并没有为我们制造混乱。生命的力量在于，而且始终都是，混乱、变化、迷失。在我们的生命结束时，混乱和变化也会终止，而这并不是我们向往的终点。我们所渴望的可控、可完善、可知的一切，不过是心理上的愚人之金（fool's gold）。

学会与复杂和迷失为友，是我们一生的功课。这是许多课程对我们的劝谕，也是发展模型的启示。但是，这并不意味着将其视为艰难困苦的涅槃之路。世界的风云变幻和我们无法逃避的死亡，让我们能够感受和体验到由衷的喜悦，让我们能够在爱的关系中分享幸福，这才是生命之金散发的光芒。

驾驭复杂性的天赋：启动天生的从容和愉悦来驾驭
我们复杂、充满困惑和不确定的人生

觉察	呼吸	活动	睡眠	做试验	大笑	好奇	爱
识别行为冲动；审视你的内在世界；练习让意识回到当下；有意识地觉察外界的模式	选择你的呼吸模式；深呼吸；放慢呼吸；盒式呼吸	选择你的姿势；活动起来；让自己气喘吁吁；让身体流动起来	将睡眠视为核心工作的一部分；多休息片刻	放下对结果的执着；保持谦逊；不要回避生命的短暂	让事情变得有趣；把你的笑声当作一份礼物；当心权力差异	在漫步中寻找奇迹；是什么困住了自己	为了看见而倾听；复杂性签到；接纳自己的不完美；分享人性的故事；感恩会

我们会逐渐具备这些能力，每一个与婴儿接触过的人都知道，我们生来就具备这些能力。驾驭和影响我们所在的世界也许是人类最伟大的能力。我们接下来的挑战是提高这些能力，以优雅的姿态、善良和智慧来面对支离破碎的世界，理解彼此之间的关联。也许，这才是我们最应该学习的：我们是生活、爱、恐惧、愤怒、希望和需求交融在一起的有机体。我们成就彼此。我们作为一个物种所做的一切，恐怕就是为了抵达此时此刻。

　　当人类的命运岌岌可危，未来昏暗而危险时，每个人都具有超乎想象的影响力，决定着我们共同的发展方向。驾驭复杂性之所以是一种天赋，是因为现实世界充满了矛盾，迂回发展：我们既渺小，又庞大；我们投下阴影，也闪烁光芒；我们既独立，又需要彼此。归根结底，我们的天赋所在，就是利用当前的挑战，培养驾驭复杂性的能力。

　　我们希望本书提供的不仅仅是一套工具，更是共同编织未来的希望。当我们唤醒自己驾驭复杂性的天赋，在家庭、组织和社区里创造条件，唤醒他人的天赋时，人性中最美好的一面就会展现出来。人很渺小，却异常强大。让我们通力合作，造福世界。

致　谢

现在，到了我们自己的感恩会了。让我们一起，向那些为本书提供过帮助的朋友、家人、同事和客户表示衷心的感谢。

安娜·罗素（Anna Russell）、多米尼克·隆戈（Dominic Longo）、海蒂·布鲁克斯（Heidi Brooks）、约翰·索特尔（John Sautelle）、马可·瓦伦特（Marco Valente）、玛丽·贝丝·罗伯斯（Mary Beth Robles）、玛丽安·斯泰西（Marianne Stacey）、尼古拉·蒂利施（Nicolai Tillisch）以及其他亲爱的Cultivating Leadership的同事们，你们怀揣关切与仁爱之心，阅读本书的草稿，并给予我们振奋人心的鼓励和敦促我们更上一层楼的建议。在漫长的修改过程中，你们的话语一直回响在我们耳旁。在这个项目中，以及在我们有幸与你们共事的方方面面，你们体现了提出挑战与提供支持的完美平衡，我们对此深表感谢。

基思·约翰斯顿、明迪·丹娜（Mindy Danna）和温迪·比特纳（Wendy Bittner），与你们的每一次思考、散步或用餐，我们都在成长（不仅仅是品尝更多的奶酪）。当我们使用本书所提到的理念与你们一起举行研讨会和团建会议时（当时还没有这本书的雏形），我们不仅看到了这些理念的力量，而且有机会反复进行实践验证。你们知道，这对我们的帮助是巨大的。还有，感谢你们参与这次在法国的冒险。我们需要集体的天赋，来驾驭这个复杂的挑战！

劳伦斯·蒙纳里（Laurence Monnery）、马克·罗夫纳（Mark Rovner）和桑德拉·埃里森（Sandra Ellison），你们在阅读过程中发送了电子邮件，并在阅读完成后提出了精彩的修改建议，给那些条分缕析整理草稿和理念的黑暗日子带来了阳光。你们的鼓励恰逢其时，把我们重新带回电脑前，你们的问题和建议恰如其分，为我们开启了全新的思路。你们费尽心思帮助我们完善了草稿，也从整体上改善了我们的生活。我们对此深表感激。

艾丹·哈尼（Aidan Harney）、戴夫·索格尔（Dave Soergel）、黛比·哈特曼（Debbie Hartman）、杰夫·麦克布莱德（Jeff Mcbride）、艾琳·霍内罗·加里多（Irene Hornero Garrido）、伊莎贝尔·马修斯（Isabel Matthews）、詹姆斯·普赖尔（James Prior）、琳达·阿姆斯特朗（Linda Armstrong）、斯蒂芬·芬奇（Stephen Finch），所有的客户都令我们受益匪浅，但在这里我们要特别感谢你们每一个人（作为读者和试验对象），你们为本书的问世提供了支持。我们感恩，在与你们通力合作的过程中，你们的反馈既富有挑战性又充满爱心，展现了伟大领导者的风范！

史蒂夫·卡塔拉诺（Steve Catalano）、辛迪·林（Cindy

Lim)和凯瑟琳·马隆(Catherine Mallon),在斯坦福大学出版社帮助我们的团队,感谢你们相信这个项目,并以风驰电掣般的速度完成了交付。我们在此对你们的专业能力和体贴周到表达感恩之情。

琼·迪克森(June Dixon)和劳雷尔·金(Laurel King),你们为我们提供了多方面的支持:从帮助我们整理成千上万的反馈意见到编排草稿,再到坚持让我们安排两倍于我们预期的时间专注写作。在这个项目里,和共事的所有其他项目中,你们教会了我们如何为善待自己与他人创造条件。没有你们,我们不可能完成本书的创作。

维尼斯·琼斯和阿卡莎,你们不仅帮助我们学会通过倾听来了解,还教会我们如何一起蹒跚前行。你们拓展了我们的世界、我们的思想和心灵。我们为有你们这样的同事而感到骄傲,更为有你们这样的朋友而备感自豪。

道格·西尔斯比,你是我们的朋友、导师、学生、共同创造者,我们想念你。

感恩我的父亲吉姆·加维(Jim Garvey),你认为这本书对合唱团的领导者和对组织的领导者同样有帮助。

吉姆·哈里斯(Jim Harris),卡罗琳认为你拥有天赋,能够创造条件让每个人充分绽放自己。她不是唯一这么认为的人,虽然她比大多数人更了解你。正如她所说:"在我们将近29年的婚姻中,你一如既往地这样对待我,同时,我也看到你这样对待自己可爱的学生们,最重要的是你是这样对待我们三个刚成年的孩子的。"你是拥有爱这一天赋的天才。

吉姆·威克斯,你教给了我们无以计数的关于领导力在复杂性里的样子。我们每天都受益于你驾驭复杂性的天赋。

迈克·贝格(Michael Berger),你除了是珍妮弗的丈夫,还是草稿读者、午餐盒打包员、晚餐厨师、遛狗人、鼓励者。如果没有你,珍妮弗怎么可能出版任何一本书?这35年的婚姻和我们所想象的完全不一样,但我很高兴能与你一起创造这非凡的一生(和我们非凡的孩子)。

迈克尔·米兰(Michael Milano),是你启动了我们的天赋,感谢你在本书构思阶段的陪伴,感谢你在成文后满腔热忱、充满爱心地阅读草稿。珍妮弗特别感谢你在过去的25年里教会了她什么是真正深厚而充满爱的友谊。

帕特里斯·拉斯利特(Patrice Laslett),当你第一次带着你的能量和改变系统的能力走进我们的生活时,我们感到兴奋(时而也感到畏惧)。谁知道你的能力、你的能量、你的身体力行会给我们的生活带来多么大的改变!没有你,这本书是不可能完成的。

莎莉·戴维斯(Shari Davis),我们深化的友谊,和你为我们所带来的独特视角,让我们看到了爱的力量:它使我们更勇敢,更富有仁爱之心,更有创造力。

瓦西娅·彼得罗娃(Vasya Petrova),感谢你为我们的生活带来爱、美和深度。你的下一历程看起来很棘手,但有速写本和恰当的计算机程序,你可以为一切赋予活力。

扎弗·阿奇，在你给前几章提出反馈意见时，我们确实感到沮丧。但遗憾的是，你的意见是正确的，这本书在你的推动下有了很大的改善。无论是教学、写作、思考，还是在法国乡村的生活，你总是推动我们变得更好，有时这种推动甚至是一种令人愉悦的体验。

所有没有提到名字的 Cultivating Leadership、成长边缘训练和 Lume Network 的同事和朋友们，正是通过你们，我们认识到这些练习不仅让世界变得更美好，而且还为成长、好奇、大笑和爱创造了条件。

没有提到名字的客户，你们的故事启迪了我们的心灵和思想。在与你们共事的日子里，我们每天都在学习关于复杂性、领导力和成长的相关理念。有机会与你们共事，在领导力的道路上一路同行，这让我们的内心充满了希望和爱。我们的神经系统由此得到了滋养。

亚历山德拉·布莱克（Alexandra Blaker）、埃曼·巴塔内（Eman Bataineh）、基思·约翰斯顿、梅格·奥德林-斯米（Meg Odling-Smee）、迈克·贝格、明迪·丹娜、托尼·昆兰（Tony Quinlan）、温迪·比特纳、扎弗·阿奇，你们是我们新生活的核心。感谢你们共同创造了一个崭新的世界，在这个世界里，到处都是可以写作的空间、补充能量的食物，以及源源不断的灵感！

珍妮弗致卡罗琳：谁说姐妹一定要有血缘关系？我们的生活方方面面都交织在一起：工作，养儿育女，迁居新西兰，组织建设，成长，学习，写作。经历这一切，我们发现了驾驭复杂性的天赋。我无比感恩与你相识，向你学习，成为你的朋友。

卡罗琳致珍妮弗：在过去的 20 年里，我们的生活以及我们家人的生活都交织在一起。我们携手并进，共同铸就爱的故事。我们建立了友谊和合作关系，经历了冒险、欢笑、哭泣、学习和无与伦比的爱。谢谢你，我的朋友，感恩过去的点滴和即将发生的一切。

艾比（Abby）、艾丹（Aidan）、贝基（Becky）、大卫（David）和内奥米，看着你们五个孩子长大成人是我们一生中最大的幸福。你们激发了我们的天赋。我们希望这本书能帮助你们更从容自若、满怀希望地度过人生的下一段历程。

注　释

前言

1. Jennifer Garvey Berger，*Unlocking Leadership Mind-traps*：*How to Thrive in Complexity*，Palo Alto，CA：Stanford University Press，2019.

2. 两种情况：一是，如果你不喜欢阅读《走出心智误区：直面复杂世界的领导力》一书里面的案例故事，那么你恐怕也不会喜欢本书的案例部分，你可以将其跳过，直接阅读正题；二是，如果你没有读过《走出心智误区：直面复杂世界的领导力》，也没有关系，这并不会影响你掌握本书的核心内容。

第一章

1. 如果你读过珍妮弗的《走出心智误区：直面复杂世界的领导力》，你会认出皮特就是勒罗伊（Leroy）。我们从少数早期读者那里得到反馈，他们觉得勒罗伊听起来是一个刻板的黑人名字。在阅读这本书的过程中，你会发现我们一直努力与时俱进，以开放的心态迎接这个复杂的多元世界。所以我们认真对待这个反馈，并将他的名字改为皮特。我们一直在学习。我们向被勒罗伊这个名字冒犯的读者表示歉意，也向因名字更改而困惑的读者致歉。

2. 这只是戴维·斯诺登理论框架的一小部分。你可以在斯诺登的网站上查阅他的博客，了解他最新的想法。你也可以阅读他关于该理论框架最著名的文献：David J. Snowden, and Mary E. Boone, "A Leader's Framework for Decision Making," *Harvard Business Review*, November 2007。你还可以从珍妮弗和基思·约翰斯顿合著的 *Simple Habits for Complex Times: Powerful Practices for Leaders*（Stanford, CA: Stanford University Press, 2015）中来了解相关理念。

3. 人们经常问我们：世界是比过去更复杂，还是因为我们有了复杂性理论、推特（Twitter）中上百亿眼花缭乱的节目，而觉得世界更复杂。我们认为，世界一直以来都比我们想象的更复杂。更何况，当今世界万物互联，其变化速度比 20 年前更加惊人。

4. 我们没有为这句话标注，因为无法在原文中找到它。但是你阅读萨波尔斯基的任何一部作品，都能在他的字里行间发现这个观点。这是我们最喜欢的一本萨波尔斯基的书，百读不厌，每次阅读都有新收获：Robert Sapolsky, "Why Zebras Don't Get Ulcers: The Acclaimed Guide to Stress", *Stress-Related Diseases, and Coping*（New York: Holt Paperbacks, 2004）。

5. 我们不想在这里深入讨论这个复杂的话题，但这个话题发人深思，如果编辑允许的话，我们会一发不可收拾地写下去。所以，我们建议你阅读：Stephen W. Porges，*The Pocket Guide to the Polyvagal Theory：The Transformative Power of Feeling Safe*（New York：W. W. Norton，2017）；Guy Claxton，*Intelligence in the Flesh：Why Your Mind Needs Your Body Much More Than It Thinks*（New Haven，CT：Yale University Press，2016）；and Deb Dana，*The Polyvagal Theory in Therapy：Engaging the Rhythm of Regulation*（New York：W. W. Norton，2018）。

6. Lisa Feldman Barrett，*How Emotions Are Made：The Secret Life of the Brain*，New York：Houghton Mifflin Harcourt，2017，p. 213.

7. Lisa Feldman Barrett，*How Emotions Are Made：The Secret Life of the Brain*，New York：Houghton Mifflin Harcourt，2017，p. 59.

8. John Coates，*The Hour between Dog and Wolf：How Risk Taking Transforms Us，Body and Mind*，New York：Penguin，2013，Kindle，p. 41.

9. 卡罗琳第一次从道格·西尔斯比（Doug Silsbee）那里听到这个词，就感受到了自己想采取行动的强烈冲动。

10. 我们在此由衷感谢我们的客户。他们教给我们太多关于复杂性的知识，给予我们创作的灵感，并允许我们将这些灵感融入案例中，贯穿全书。他们的真实姓名和信息已经隐去。大部分案例人物的命名源自我们世界各地的客户、同事和朋友。他们分享了自己最喜欢的名字。

11. 任何观点都不是绝对的，此观点亦然。大卫·伊格曼 (David Eagleman)阐述了大脑是如何持续更新的。虽然人类神经系统的进化需要许多代人才能完成，但是你自己的神经系统在不断地学习和变化。David Eagleman, *Livewired*: *The Inside Story of the Ever-Changing Brain*, New York: Vintage Books, 2021.

第三章

1. 想深入了解，敬请阅读：Jennifer Garvey Berger, *Unlocking Leadership Mindtraps*: *How to Thrive in Complexity*, Palo Alto, CA: Stanford University Press, 2019。

2. 这本书启发了珍妮弗，并抚慰了她的心灵。Daniel Leiberman, *Exercised*: *The Science of Physical Activity, Rest, and Health*, New York: Penguin, 2020.

3. Amanda Blake, *Your Body Is Your Brain*: *Leverage Your Somatic Intelligence to Find Purpose, Build Resilience, Deepen Relationships and Lead More Powerfully*, New York: Trokay Press, 2018.

4. 珍妮弗和卡罗琳都曾经在新西兰生活。这段经历滋养了我们的神经系统。最令我们惊讶的是，美国学校的老师会用取消课间活动来惩罚调皮的学生。然而在新西兰，老师会让那些调皮的学生绕着操场跑步一圈。我们觉得不可思议。让学生保持静止来纠正他们的多动是徒劳的，尤其在他们尚未掌握自我调节能力的时候。用运动来消耗多余的能量，才是驾驭复杂性的方法。

5. M. L. Slepian and N. Ambady，"Fluid Movement and Creativity，"*Journal of Experimental Psychology：General*，2012，vol. 141，No. 4，pp. 625-629.

6. Matthew Walker，*Why We Sleep：Unlocking the Power of Sleep and Dreams*，New York：Scribner，2017，Kindle. 沃克（Walker）的这本书颠覆了人们对睡眠的认知。阅读完本书，你一定要找来看看。

第四章

1. 我们也会遇到一些特殊情况。有的领导者在一些大型项目中，依然发挥着他们做试验的天赋。即使要经过多年深耕才能开花结果，他们也坚持做试验。因为他们认为，即使项目的最终结果不理想，其过程也对组织的发展有帮助。他们在深耕的过程中孜孜不倦地学习，与时俱进。在高风险的情况下，启动做试验的天赋是不容易的，因为（你猜对了）高风险激活了我们的神经系统。

第五章

1. 罗伯特的这本书也对我们有着深刻的意义：Robert Kegan，*In Over Our Heads：The Mental Demands of Modern Life*，Cambridge，MA：Harvard University Press。或者，你也可以阅读珍妮弗后来撰写的 Jennifer Garvey Berger，*Changing on the Job：Developing Leaders for a Complex World*

（Palo Alto，CA：Stanford University Press）。

2. 斯坦福教授珍妮弗・阿科尔（Jennifer Aaker ）和娜奥米・巴登（Naomi Bagdonas）阐述了"幽默断崖"这个观点："一个 4 岁的孩子平均每天会大笑 300 次之多。然而相比之下，40 岁的成年人平均 2.5 个月才笑 300 次。"你可以通过阅读他们这本生动有趣的书，来深入了解这个严肃的问题：Jennifer Aaker and Naomi Bagdonas，*Humor*，*Seriously*：*Why Humor Is a Secret Weapon in Business and Life*，New York：Random House，2021，Kindle。

3. 护理婴儿也能释放人体的催产素。因此我们认为，让人们将孩子带到办公室是一项很不错的试验。

4. 这出自尚卡尔・韦丹坦姆（Shankar Vedantam）一期精彩的节目《隐藏的大脑》（*The Hidden Brain*），他在 2019 年 1 月 14 日采访了神经科学家索菲娅・斯科特。

5. 索菲娅・斯科特对真笑和假笑进行了一系列研究，发现连假笑都能起到联结彼此的作用。虽然我们并不一定能准确地分辨真笑和假笑，但是，真笑比"装"笑，更有助于彼此的联结，而且可以让事情变得更有趣。

6. 地位有很多种解释，可以指权力，可以指文化，也可以指种族或性别。这里提供三条放之四海而皆准的原则：如果你知道自己的地位更高，不要嘲笑他人；如果你不确定，不要嘲笑他人；如果是和对方一起（对方也在笑）开怀大笑，是允许的。

7. 这两个定义都来自牛津英语词典的网站。

8. 这个方法传承了部分内在家庭系统治疗法的原理，尤其是"部分学"。想了解自我的组成部分，可参阅：Richard Schwartz，*No Bad Parts：Healing Trauma and Restoring Wholeness With the Internal Family Systems Model*，Colorado：Sounds True，2021。

第六章

1. 我们不要被树木的美好蒙蔽，因为它们也会利用这个网络相互偷窃。我们不确定它们是否会撒谎。但是人类历经沧桑才发现，任何强大的力量，都是既可以用来创造，也可以用来毁灭的。

2. 关于这一点，我们最喜欢的作者是神奇的罗伯特·麦克法兰（Robert Macfarlane，*Underland：A Deep Time Journey*，New York：W. W. Norton，2020）。他在这本史诗般精彩的书中阐述了这个观点（当然还有许多其他突破我们认知极限的观点）。

3. 另一个事实是，在这个复杂的世界里，淡薄和疏远的关系对我们的身心健康也同样重要。在一个地方感到有归属感（无论是对邻居还是对公司），说明你对很多人都有一些了解。这意味着你知道街上花店老板的名字，让咖啡师了解你的口味。这些联结虽然谈不上是爱，却依然可以滋养我们。

4. 当然，并非只有新西兰人对这个问题感到疑惑。盖洛普称，这是敬业度调查问卷中最具争议、最重要的一个问题。联结对于一个积极投入且高效的工作环境至关重要。你可以阅读盖洛普的官方说明。

5. 针对团队多样性的研究让人喜忧参半。研究表明，更加多元的团队更成功，也更不成功（这取决于团队的背景）。这是可以理解的。当我们不善于处理分歧时，多样性就是一种负担。当我们能够驾驭多样性时，它就是我们的优势。关键在于，在当下这个复杂、快速发展和多变的时代，多样性必不可少。所以，我们最好能提升驾驭多样性的能力。

6. 需要一个例子吗？看一看之前马克是如何在花园里倾听艾莉森的内心的。马克一直在练习倾听！

7. 我们和一家律师事务所的资深合伙人连续开了三次这样的会。我们将它当作一项试验，看这种"空穴来风的东西"是否能被他所接受。当我们在第四次会议上跳过专注当下这个环节时，其中一位合伙人惊讶地说："我们不是要从呼吸开始吗？我发现，这些会议基本上是我生活中唯一能真正呼吸的场合。"原来，这还是一项改变文化的试验。

8. 好吧好吧，实事求是地说，这些都是珍妮弗向往和厌恶的形容词。你一定也有一个自己的清单。我们用珍妮弗的做示范。

9. Amy Edmondson, *Teaming: How Organizations Learn, Innovate, and Compete in the Knowledge Economy*, Hoboken, NJ: Jossey-Bass, 2012.

图书在版编目(CIP)数据

复杂心智：在变动时代重启人类天赋能力 /（爱尔兰）珍妮弗·加维·贝格，（爱尔兰）卡罗琳·库格琳著；杨毅译. —北京：北京师范大学出版社，2024.7

（组织学习与进化书系）

ISBN 978-7-303-29955-3

Ⅰ.①复… Ⅱ.①珍… ②卡… ③杨… Ⅲ.①心理学 Ⅳ.①B84

中国国家版本馆 CIP 数据核字（2024）第 109632 号

北京市版权局著作权合同登记号 图字：01-2023-2194 号

图书意见反馈 gaozhifk@bnupg.com 010-58805079

FUZA XINZHI：ZAI BIANDONG SHIDAI CHONGQI
RENLEI TIANFU NENGLI

出版发行：北京师范大学出版社 www.bnupg.com
　　　　　北京市西城区新街口外大街 12-3 号
　　　　　邮政编码：100088
印　　刷：北京盛通印刷股份有限公司
经　　销：全国新华书店
开　　本：880 mm×1230 mm 1/32
印　　张：4.625
字　　数：98 千字
版　　次：2024 年 7 月第 1 版
印　　次：2024 年 7 月第 1 次印刷
定　　价：52.00 元

策划编辑：周益群　　　　　　　责任编辑：张　爽
美术编辑：陈　涛　李向昕　　　装帧设计：陈　涛　李向昕
责任校对：陈　民　　　　　　　责任印制：马　洁